会津《あいづ》よもやま話《ばなし》

目《もく》次《じ》

会津《あいづ》の玩具《おもちゃ》

会津《あいづ》の暮《く》らし

会津《あいづ》のお祭《まつ》り

会津《あいづ》のおいしい話《はなし》

会津《あいづ》なぜなぜ

会津《あいづ》の玩具《おもちゃ》

赤《あか》ベコ

会《あい》津《づ》では、牛《うし》のことをベコといいますが、昔《むかし》の人《ひと》は牛《うし》の鳴《な》き声《ごえ》は「モー」ではなくて「べー」と聞《き》こえたのでしょうか。

ベコは、山《やま》の仕事《しごと》や田《た》んぼや畑《はたけ》の力仕事《ちからしごと》など、昔《むかし》のくらしを手伝《てつだ》ってくれていました。性格《せいかく》が穏《おだ》やかで力持《ちからも》ちで、人々《ひとびと》を助《たす》けてくれたベコの話《はなし》はいろいろと語《かた》り継《つ》がれ、やがて会津《あいづ》を代表《だいひょう》する民芸品《みんげいひん》となりました。

昔《むかし》、柳津《やないづ》でのことです。

会津《あいづ》には、十三歳《じゅうさんさい》になると柳津《やないづ》の虚空蔵様《こくぞうさま》にお参《まい》りする「十三参《じゅうさんまい》り」という習慣《しゅうかん》があります。これは「知恵《ちえ》もらい」「知恵参《ちえまい》り」ともいわれ、子《こ》どもから大人《おとな》に変《か》わっていく頃《ころ》の厄払《やくばら》いと知恵《ちえ》の授《さず》かりを願《ねが》うものです。

この虚空蔵様《こくぞうさま》をまつるお堂《どう》が建《た》てられたのは今《いま》から千年以上《せんねんいじょう》も前《まえ》のことで、初《はじ》めは只見川《ただみがわ》の近《ちか》くにありましたが、「会津慶長地震《※あいづけいちょうじしん》」といわれる大地震《だいじしん》でつぶれてしまいました。

大切《たいせつ》な虚空蔵堂《こくぞうどう》です。再《ふたた》び建《た》てるための話《はな》し合《あ》いがおこなわれました。

「ここでは、また地震《じしん》や大水《おおみず》で壊《こわ》れたり流《なが》されたりするかもしれねえ」

「あの高《たか》い崖《がけ》の上《うえ》なら、お堂《どう》を守《まも》ってくれるんでねえか」

「それがいい」と相談《そうだん》がまとまり、さっそく作業《さぎょう》が始《はじ》まりました。

材料《ざいりょう》となる材木《ざいもく》が、只見川《ただみがわ》の流《なが》れを利用《りよう》してどんどん運《はこ》ばれてきました。しかし、大変《たいへん》なのはその後《あと》です。太《ふと》くて長《なが》くて重《おも》い材木《ざいもく》を、高《たか》い崖《がけ》の上《うえ》に運《はこ》び上《あ》げるのは一苦労《ひとくろう》、汗《あせ》はダグダグ体《からだ》はクタクタ、みんなくたびれ果《は》てていました。

その時《とき》です。

「ドーッ、ドドドドー」
と音《おと》がして、大《おお》きな赤毛《あかげ》のべコが数頭《すうとう》
現《あらわ》れました。
「はれーっ」
人々《ひとびと》がたまげていると、べコたち
はさっそく材木運《ざいもくはこ》びの手伝《てつだ》いを始《はじ》
めたではありませんか。
あれよあれよ、仕事《しごと》はとんとん
と進《すす》み、見事《みごと》に虚空蔵堂《こくぞうどう》が建《た》ちま
した。
「あの、べコたちのおかげだ」
みんながお礼《れい》を言《い》おうとしま
したが、はて、姿《すがた》が見《み》えません。

ベコたちは虚空蔵堂《こくぞうどう》が出来上《できあ》がるのを見届《みとど》けると消《き》えてしまったのです。

「ありがとなぁ」

人々《ひとびと》は感謝《かんしゃ》を込《こ》めて心《こころ》から手《て》を合《あ》わせました。

さて今度《こんど》は、若松《わかまつ》にお城《しろ》を築《きず》く時《とき》のことです。

まずは、お城《しろ》の土台《どだい》となる石垣《いしがき》を築《きず》かなければなりません。石切場《いしきりば》から切《き》り出《だ》された大《おお》きな石《いし》を大勢《おおぜい》の人《ひと》で運《はこ》んでいたのですが、途中《とちゅう》で泥道《どろみち》にはまって動《うご》けなくなってしまいました。

「押《お》してみろ」

「引《ひ》いてみろ」

いくら押《お》しても引《ひ》いても、びくりともしません。

「はぁ困《こま》った。困《こま》った、困《こま》った」

人々《ひとびと》が困《こま》り果《は》てていると、どこからともなくヌウッと大《おお》きなベコが現《あらわ》れて、泥《どろ》の中《なか》の巨大《きょだい》な石《いし》をズッーと動《うご》かし始《はじ》めたのです。

「ワーッ」と歓声《かんせい》が上《あ》がりました。

ベコは、その後運《ごはこ》ぶのも手伝《てつだ》ってくれました。でも、みんながお礼《れい》を言《い》おうとしたときには、もうその姿《すがた》はありませんでした。


この頃《ころ》、若松《わかまつ》のずっと西《にし》の柳津《やないづ》では不思議《ふしぎ》なことが起《お》きていました。虚空蔵様《こくぞうさま》の牛《ベコ》の石像《せきぞう》が、どうしたことか泥《どろ》だらけになっていました。空《そら》から泥《どろ》が降《ふ》ってきたわけでもありません。人々《ひとびと》はただ首《くび》をかしげるばかりでした。

この泥《どろ》だらけの牛《ベコ》の噂《うわさ》は、やがて若松《わかまつ》まで伝《つた》わってきました。

「まさか……」

「あの泥《どろ》だらけになりながら石《いし》を運《はこ》んでくれたのは……もしや」

若松《わかまつ》の人《ひと》たちは噂《うわさ》し合《あ》いました。

そうなのです。泥《どろ》だらけになりながらお城《しろ》の石《いし》を運《はこ》び、みんなを助《たす》けてくれたのはこの虚空蔵様《こくぞうさま》の使《つか》いの牛《ベコ》だったのです。

ベコたちは、困《こま》ったときにいつも人々《ひとびと》を助《たす》けてくれていたのです。そんなベコたちに、会津《あいづ》の人々《ひとびと》は感謝《かんしゃ》の思《おも》いをずっと持《も》ち続《つづ》けています。

そして今《いま》も「赤《あか》ベコ」の姿《すがた》をして、優《やさ》しく首《くび》を振《ふ》りながら私《わたし》たちをずっと見守《みまも》り続《つづ》けてくれています。

※会津慶長地震《あいづけいちょうじしん》　江戸時代《えどじだい》の慶長十六年《けいちょうじゅうろくねん》（１６１１）に会津地方《あいづちほう》を襲《おそ》った直下型地震《ちょっかがたじしん》。

会津天神《あいづてんじん》

会《あい》津《づ》の民芸品《みんげいひん》に会津天神《あいづてんじん》があります。

会津《あいづ》では、男《おとこ》の子《こ》が生《う》まれると、この人形《にんぎょう》を贈《おく》る風習《ふうしゅう》がありました。天神《てんじん》というのは学問《がくもん》の神様《かみさま》で、平安時代《へいあんじだい》に活躍《かつやく》した菅原道真《すがわらみちざね》をまつったものです。菅原道真《すがわらみちざね》は学者《がくしゃ》であり、政治家《せいじか》でもありました。天神《てんじん》の人形《にんぎょう》は日本全国《にほんぜんこく》にありますが、会津天神《あいづてんじん》は、その顔《かお》つきがおだやかで美《うつく》しく、とても人気《にんき》があります。

天正十八年《てんしょうじゅうはちねん》（１５９０）から会津《あいづ》の領主《りょうしゅ》になった※1蒲生氏郷《がもううじさと》が、京都《きょうと》から職人《しょくにん》を呼《よ》び寄《よ》せて、下級武士《かきゅうぶし》らにつくらせた民芸品《みんげいひん》のひとつであり、東北地方《とうほくちほう》では最《もっと》も古《ふる》いといわれる張子人形《はりこにんぎょう》です。張子人形《はりこにんぎょう》とは、人形《にんぎょう》の型《かた》の上《うえ》に紙《かみ》を何枚《なんまい》も張《は》り重《かさ》ねて、乾《かわ》いてから中《なか》の型《かた》を抜《ぬ》き取《と》ってつくるものです。頭《あたま》の部分《ぶぶん》は※2練物《ねりもの》でつくられています。

昔《むかし》から日本《にほん》では、三月三日《さんがつみっか》のひな祭《まつ》りは、桃《もも》の節句《せっく》といわれ、女《おんな》の子《こ》の成長《せいちょう》を祈《いの》る行事《ぎょうじ》とされてきました。会津地方《あいづちほう》では、その日《ひ》男《おとこ》の子《こ》のために会津天神《あいづてんじん》を飾《かざ》る習慣《しゅうかん》も

あり、賢《かしこ》く健《すこ》やかに育《そだ》つようにとの願《ねが》いが込《こ》められてきました。
四百年以上《よんひゃくねんいじょう》の間《あいだ》、会津天神《あいづてんじん》は、会津《あいづ》の子《こ》どもたちの成長《せいちょう》を見守《みまも》ってくれています。

❖ 小平潟天満宮《こびらかたてんまんぐう》

猪苗代町《いなわしろまち》には、天神《てんじん》をおまつりする小平潟天満宮《こびらかたてんまんぐう》があります。九州《きゅうしゅう》の太宰府天満宮《だざいふてんまんぐう》、京都《きょうと》の北野天満宮《きたのてんまんぐう》と並《なら》んで、日本三大天神《にほんさんだいてんじん》とする説《せつ》があります。

天暦二年《てんりゃくにねん》（９４８）近江国比良宮《おうみのくにひらのみや》の神主《かんぬし》・神良種《みわのよしたね》は、摂津国須磨《せっつのくにすま》で見《み》つけた菅原道真《すがわらみちざね》の神像《しんぞう》を持《も》って旅《たび》をし、猪苗代湖《いなわしろこ》のほとりまでやってきました。ひと休《やす》みをして、再《ふたた》び歩《ある》き出《だ》そうとして立《た》ち上《あ》がり、像《ぞう》を背負《せお》おうとしましたが、神像《しんぞう》が急《きゅう》に重《おも》くなっていて、動《うご》かすことができなくなりました。

よく見《み》ると、目《め》の前《まえ》の景色《けしき》が須磨《すま》とよく似《に》ています。良種《よしたね》はこの地《ち》に神社《じんじゃ》を建《た》て、神像《しんぞう》をおまつりすることにし、※3耶麻郡大領《やまぐんたいりょう》に申《もう》し出《で》ました。

その後会津《ごあいづ》では天神信仰《てんじんしんこう》が盛《さか》んになり、天満宮《てんまんぐう》は多《おお》くの人《ひと》で賑《にぎ》わいました。現在《げんざい》の社殿《しゃでん》は、天和二年《てんなにねん》（１６８２）に、会津藩主松平正容《あいづはんしゅまつだいらまさかた》によって造《つく》られたものです。

※１蒲生氏郷《がもううじさと》　安土桃山時代《あづちももやまじだい》、会津《あいづ》を治《おさ》めた殿様《とのさま》。今《いま》の会津《あいづ》の基礎《きそ》をつくった。キリスト教《きょう》を信仰《しんこう》したことから、キリシタン大名《だいみょう》ともいわれる。
※２練物《ねりもの》　桐《きり》などの木《き》の粉《こな》に糊《のり》を混《ま》ぜて練《ね》り固《かた》め、乾燥《かんそう》させて色《いろ》をつけた物《もの》。
※３耶麻郡大領《やまぐんたいりょう》　耶麻郡《やまぐん》の長官《ちょうかん》。

起《お》き上《あ》がり小法師《こぼし》と風車《かざぐるま》と初音《はつね》

一《いち》月十日《がつとおか》、会津若松市《あいづわかまつし》では十日市《とおかいち》がひらかれます。十日市《とおかいち》は四百年以上《よんひゃくねんいじょう》も昔《むかし》から続《つづ》く、会津地方《あいづちほう》で一番大《いちばんおお》きな※1初市《はついち》です。

昔《むかし》、お百姓《ひゃくしょう》さんは米《こめ》や野菜《やさい》をつくる肥《こ》やしとして、町《まち》の家《いえ》と契約《けいやく》し、ふん尿《にょう》をもらっていました。初市《はついち》にあわせて町《まち》に出《で》て、お礼《れい》に大豆《だいず》を配《くば》りながら家々《いえいえ》を回《まわ》るのです。訪《たず》ねた先々《さきざき》では、お酒《さけ》や棒《ぼう》たらでもてなされ、帰《かえ》りは市《いち》で農具《のうぐ》や暮《く》らしに必要《ひつよう》なものを買《か》いました。

初市《はついち》の中《なか》でも特《とく》に人気《にんき》があったのが、※2縁起物《えんぎもの》の起《お》き上《あ》がり小法師《こぼし》と風車《かざぐるま》です。どちらも四百年《よんひゃくねん》よりもっと前《まえ》、会津《あいづ》の殿様《とのさま》だった蒲生氏郷《がもううじさと》が、侍《さむらい》たちの冬《ふゆ》の内職《ないしょく》としてつくらせたのが始《はじ》まりといわれています。

❖ 起《お》き上《あ》がり小法師《こぼし》

起《お》き上《あ》がり小法師《こぼし》の小法師《こぼし》とは子《こ》どものことです。だるまを元《もと》に、かわいらしい姿《すがた》につくられています。蒲生氏郷《がもううじさと》の義理《ぎり》の父《ちち》、織田信長《おだのぶなが》がだるまを信仰《しんこう》していたので、それにあやかったという説《せつ》もあります。

起《お》き上《あ》がり小法師《こぼし》は、何度転《なんどころ》んでも起《お》き上《あ》がることから縁起《えんぎ》がよいとされ、人々《ひとびと》は家族《かぞく》の人数《にんずう》にひとつ足《た》した数《かず》だけ買《か》い求《もと》め、「家族《かぞく》や財産《ざいさん》が増《ふ》えるように」「病気《びょうき》やけがをしないように」と願《ねが》いを込《こ》めます。

大切《たいせつ》な縁起物《えんぎもの》ですから、選《えら》び方《かた》も真剣《しんけん》です。十日市《とおかいち》では、片手《かたて》につかめるだけつかみ、お盆《ぼん》の上《うえ》にぽんと放《ほう》り、どの小法師《こぼし》が元気《げんき》よく起《お》き上《あ》がるか確《たし》かめる人《ひと》たちの姿《すがた》が見《み》られますが、それもまた昔《むかし》からおこなわれてきた、会津独特《あいづどくとく》の風習《ふうしゅう》です。

❖風車《かざぐるま》

軽《かろ》やかな音《おと》をたて、くるくる回《まわ》る色鮮《いろあざ》やかな風車《かざぐるま》は、商売繁盛《しょうばいはんじょう》の縁起物《えんぎもの》。風車《かざぐるま》の真《ま》ん中《なか》の豆《まめ》には、まめまめしく働《はたら》けるようにという意味《いみ》があります。

江戸時代《えどじだい》になると各地《かくち》にみられ、神社《じんじゃ》などで売《う》られるようになった風車《かざぐるま》ですが、会津《あいづ》ではそれよりもずっと前《まえ》からつ

くられていました。

十日市《とおかいち》が始《はじ》まってから今日《こんにち》まで、売《う》っているものも、買《か》う人々《ひとびと》の姿《すがた》も変《か》わりましたが、起《お》き上《あ》がり小法師《こぼし》と風車《かざぐるま》は昔《むかし》のまま。今《いま》でもたくさんの人々《ひとびと》が、「幸《しあわ》せでありますように」と願《ねが》いながら買《か》い求《もと》めています。

❖ 初音《はつね》

もうひとつ、起《お》き上《あ》がり小法師《こぼし》と風車《かざぐるま》と一緒《いっしょ》に、会津《あいづ》の三縁起《さんえんぎ》として人気《にんき》があったのが初音《はつね》という竹笛《たけぶえ》です。

正月元日《しょうがつがんじつ》の朝《あさ》には、「はつね、はつねー」という、初音売《はつねう》りの呼《よ》び声《ごえ》が町《まち》にひびくのでした。

初音《はつね》は吹《ふ》くとウグイスの鳴《な》き声《ごえ》のような音《おと》がするので、春《はる》を告《つ》げ、

幸《しあわ》せを呼《よ》ぶともいわれます。今《いま》ではつくる人《ひと》も少《すく》なくなり、あまり見《み》ることがないようです。

※1初市《はついち》　新年《しんねん》になって初《はじ》めて開《ひら》く市《いち》。

※2縁起物《えんぎもの》　よいことがあるようにと願《ねが》いをこめた品物《しなもの》。それを持《も》っていると災《わざわ》いを防《ふせ》ぎ、幸運《こううん》がおとずれるとされる。

会《あい》津《づ》の暮《く》らし

年末年始《ねんまつねんし》

お正月《しょうがつ》は新《あたら》しい年《とし》を祝《いわ》う行事《ぎょうじ》ですが、家々《いえいえ》に※1「年神様《としがみさま》」をお迎《むか》えする行事《ぎょうじ》でもあります。また、年末《ねんまつ》は一年《いちねん》の終《お》わりであり、新《あたら》しい年《とし》の準備《じゅんび》でもあります。この、年《とし》をまたいでの数日間《すうじつかん》はいろいろな決《き》め事《ごと》があり、人々《ひとびと》はそれをとても大事《だいじ》にしてきました。

❖ 年《ねん》末《まつ》

大掃除《おおそうじ》を済《す》ませた十二月《じゅうにがつ》の二十八日《にじゅうはちにち》か三十日《さんじゅうにち》には、昔《むかし》はあちこちの家《いえ》から「ぺったん、ぺったん」と餅《もち》をつく音《おと》が聞《き》こえてきました。臼《うす》と杵《きね》を使《つか》った餅《もち》つきです。子《こ》どもも、餅《もち》を返《かえ》したり丸《まる》めたりして手伝《てつだ》いました。

この暮《くれ》の餅《もち》つきは、二十九日《にじゅうくにち》にはおこないません。これは、九《く》を苦《く》に重《かさ》ねて「苦《く》労《ろう》を来年《らいねん》に持《も》ち込《こ》まないように」という意味《いみ》をもっています。

丸《まる》めた餅《もち》は鏡餅《かがみもち》として神棚《かみだな》や床《とこ》の間《ま》に供《そな》えられ、お正月《しょうがつ》に年神様《としがみさま》が降《お》りてくる場《ば》所《しょ》となります。

大晦日《おおみそか》（十二月三十一日《じゅうにがつさんじゅういちにち》）は「年取《とした》り」ともいい、年取《とした》りならではの料理《りょうり》を食《た》べて、百八《ひゃくやっ》つの除夜《じょや》の鐘《かね》を聞《き》きながら一年《いちねん》の反省《はんせい》をして新《あたら》しい年《とし》を迎《むか》えます。

さて、こんなときに聞《き》きたい「火《ひ》の正月《しょうがつ》」というお話《はなし》があります。

ある大晦日《おおみそか》の夕暮《ゆうぐ》れのこと、「今夜一晩《こんやひとばん》泊《と》めてはくれまいか」と旅《たび》のお坊《ぼう》さんが訪《たず》ねてきました。

お金持《かねも》ちの家《いえ》では、

「明日《あした》は、めでたい正月《しょうがつ》だ。そんな汚《きたな》い身《み》なりの者《もの》を泊《と》めるわけにはいかない。出《で》て行《い》け」

と追《お》い出《だ》されてしまいました。

次《つぎ》にボロ家《や》のおじいさんとおばあさんの所《ところ》に行《い》くと、

「貧乏《びんぼう》なもんで食《た》べるものはないが、あったかい火《ひ》だけでよかったら」

と招《まね》いてくれました。
※2囲炉裏《いろり》の前《まえ》に座《すわ》ったお坊《ぼう》さんは、「なぁに、食《た》べ物《もの》なら心配《しんぱい》はいらん」と袋《ふくろ》から何《なに》やら取《と》り出《だ》しました。それをお湯《ゆ》しか入《はい》っていない鍋《なべ》の中《なか》にパラパラッと入《い》れると、グツグツグツと音《おと》がしていい匂《にお》いがしてきました。
おばあさんが蓋《ふた》をとると、なんと、鍋《なべ》いっぱいのおいしそうな雑炊《ぞうすい》ができているではありませんか。みんなでお腹《なか》いっぱいに雑炊《ぞうすい》を食《た》べて、ニコニコ笑《わら》い、いい年《とし》越《こ》しができました。

翌日《よくじつ》のお正月《しょうがつ》の朝《あさ》、お坊《ぼう》さんは旅立《たびだ》つ前《まえ》に二人《ふたり》にたずねました。

「泊《と》めてもらったお礼《れい》がしたいが、なにか欲《ほ》しいものはあるかな」

「お礼《れい》などいりません。……んでも、十七《じゅうしち》、八歳《はっさい》に若返《わかがえ》ったらいいのう」

と、おじいさんは笑《わら》いながら言《い》いました。するとお坊《ぼう》さんは、まじめな顔《かお》をして、

「これから井戸《いど》の水《みず》を汲《く》んで沸《わ》かして、あびてみなさい」

と言《い》って去《さ》っていきました。

二人《ふたり》は言《い》われた通《とお》り、若《わか》水《みず》を汲《く》んで沸《わ》かして入《はい》りました。すると、あらあら不思《ふし》議《ぎ》。二人《ふたり》は十七《じゅうしち》、八歳《はっさい》の若者《わかもの》の姿《すがた》に変《か》わっているではありませんか。すっかり若返《わかがえ》った二人《ふたり》は、ずっと仲良《なかよ》く幸《しあわ》せに暮《く》らしたということです。

❖ 若水汲《わかみずく》み

村《むら》の鎮守様《ちんじゅさま》へのお参《まい》りを済《す》ませてから、井戸《いど》や川《かわ》へ「若水汲《わかみずく》み」に行《い》きます。それは子《こ》どもの役目《やくめ》で、水道《すいどう》のない頃《ころ》のお話《はなし》です。新《あたら》しい※3手桶《ておけ》に新《あたら》しい※4柄杓《ひしゃく》で、

「なに汲《く》む　よね汲《く》む　黄金《こがね》の柄杓《ひしゃく》で　宝水汲《たからみずく》む」

と、こんな言葉《ことば》を唱《とな》えながら汲《く》みました。

地域《ちいき》によって少《すこ》し違《ちが》いはありますが、若水《わかみず》を沸《わ》かして梅湯《うめゆ》を飲《の》み、※5歯固《はがた》めの飴《あめ》といわれる白飴《しろあめ》をなめて、一年間《いちねんかん》の健康《けんこう》と無事《ぶじ》を祈《いの》りました。

❖ お年玉《としだま》

子《こ》どもたちが楽《たの》しみの「お年玉《としだま》」は、昔《むかし》はお金《かね》ではありませんでした。そもそもは、神棚《かみだな》にお供《そな》えした餅《もち》をお年玉《としだま》といいます。神様《かみさま》が宿《やど》っているといわれるその丸《まる》

い餅《もち》を、「どうぞ子《こ》どもたちが力強《ちからづよ》く、元気《げんき》に育《そだ》ちますように」という願《ねが》いをこめて、子《こ》どもたちに分《わ》けあたえられたのがもともとの「お年玉《としだま》」だそうです。

❖お正月遊《しょうがつあそ》び

子《こ》どもは遊《あそ》ぶのが仕事《しごと》で、お正月《しょうがつ》もたくさん遊《あそ》びました。凧《たこ》あげ、コマまわし、羽《はね》つき、福笑《ふくわら》いやカルタ取《と》りなどを家族《かぞく》や友達《ともだち》と楽《たの》しみました。

「羽《はね》つき」は、一年間《いちねんかん》の厄《やく》をはねて今年《ことし》も健《すこ》やかに育《そだ》ちますようにという意味《いみ》を持《も》ちます。でも、羽《はね》を落《お》としてしまったら、顔《かお》に墨《すみ》を塗《ぬ》りますが、それは厄払《やくばら》いなのです。

「福笑《ふくわら》い」は、目隠《めかく》しをして顔《かお》のパーツを並《なら》べます。なかなか揃《そろ》わないおかしな顔《かお》にみんなで大笑《おおわら》い。「笑《わら》う門《かど》には福来《ふくきた》る」という縁起《えんぎ》の良《よ》い遊《あそ》びです。他《ほか》にもまりつきやお手玉《てだま》、手遊《てあそ》び歌《うた》などをたくさんうたって遊《あそ》びました。

昔《むかし》はうたいながら遊《あそ》ぶことがとても多《おお》く、お正月《しょうがつ》はそんな歌《うた》や子《こ》どもの声《こえ》で賑《にぎ》わっていました。

※1年神様《としがみさま》 「歳徳神《としとくじん》」や「お正月《しょうがつ》さま」とも呼《よ》ばれ、大晦日《おおみそか》の夜《よる》に各家《かくいえ》におとずれて一年《いちねん》間《かん》の健康《けんこう》と幸福《こうふく》を授《さず》ける神様《かみさま》といわれる。
※2囲炉裏《いろり》 部屋《へや》の床《ゆか》を四角《しかく》に切《き》り抜《ぬ》いて、暖房《だんぼう》や煮炊《にた》きの火《ひ》を燃《も》やすところ。
※3手桶《ておけ》 取《と》っ手《て》という持《も》つところのついている桶《おけ》で、水《みず》を汲《く》んだり運《はこ》んだりするときに使《つか》う。
※4柄杓《ひしゃく》 水《みず》や汁《しる》を掬《すく》うときに使《つか》う道具《どうぐ》。
※5歯固《はがた》めの飴《あめ》 正月《しょうがつ》の初《はじ》めにかたいものを食《た》べて、丈夫《じょうぶ》な歯《は》の健康《けんこう》を祈願《きがん》する意味《いみ》をもってなめる飴《あめ》。

団子《だんご》さしと歳《さい》の神《かみ》

一《いち》月十三日《がつじゅうさんにち》から十四日《じゅうよっか》の、小正月《こしょうがつ》と呼《よ》ばれる時期《じき》、会津《あいづ》には団子《だんご》さしという行事《ぎょうじ》があります。

一年間《いちねんかん》の商売繁盛《しょうばいはんじょう》、※1無病息災《むびょうそくさい》とともに、※2五穀豊穣《ごこくほうじょう》を祈《いの》るためのもので、縁起《えんぎ》が良《よ》いといわれる赤《あか》い色《いろ》をしたミズキの木《き》の枝《えだ》の芽《め》を摘《つ》み、団子《だんご》をさし、飾《かざ》りをつけます。

ある農家《のうか》の団子《だんご》さしの様子《ようす》です。

ばんちゃに教《おそ》わりながら、孫《まご》のみっちゃんが団子《だんご》づくりをしています。

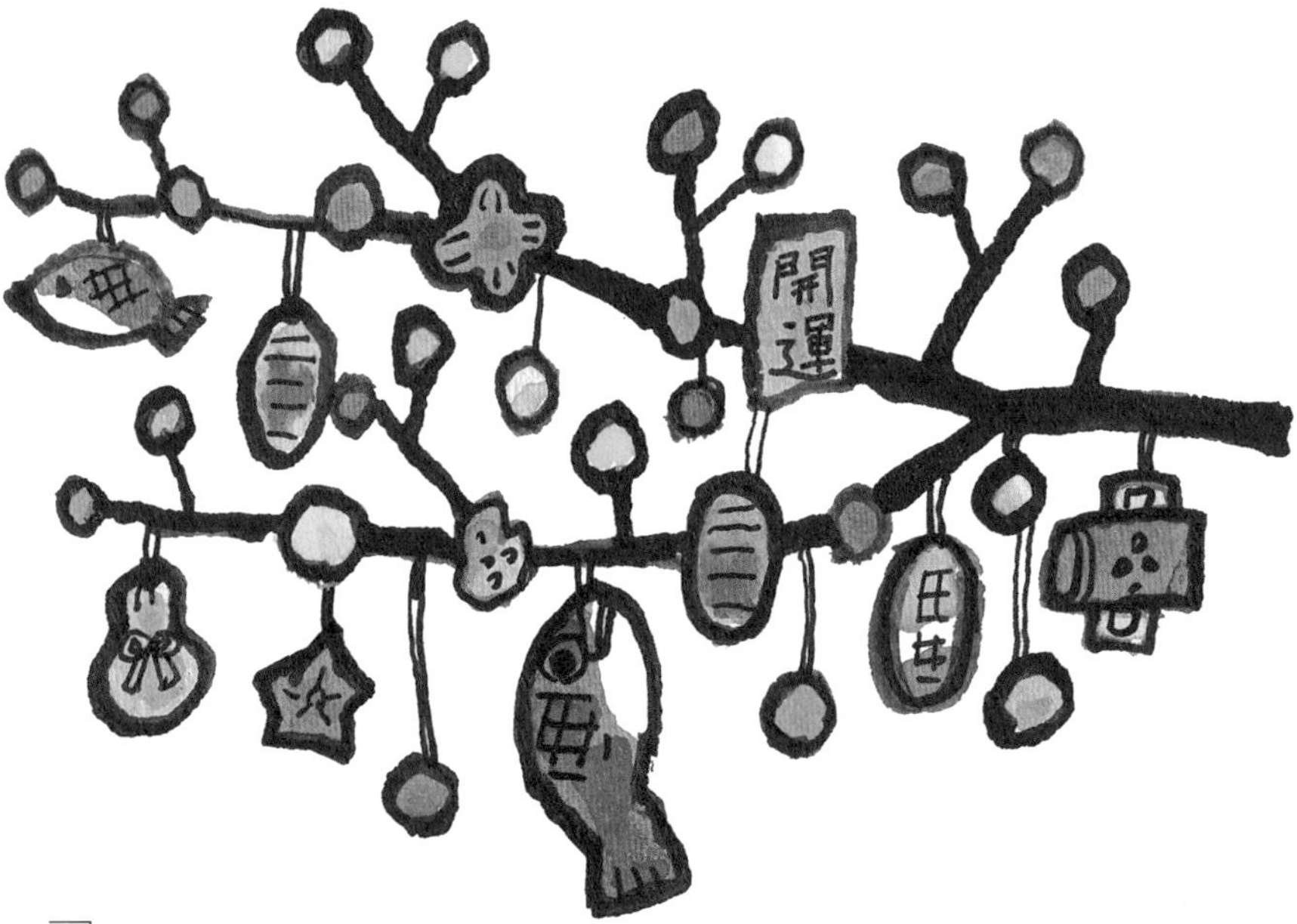

うるち米《まい》の粉《こな》を湯《ゆ》で練《ね》って、大《おお》きな団子《だんご》のかたまりをふたつつくってから、ばんちゃが言《い》いました。

「半分《はんぶん》は細《ほそ》く伸《の》ばして、ばんちゃがちぎっていくからな。みっちゃんは手《て》のひらでころころ転《ころ》がして、団子《だんご》をつくんだぞ。それから、団子《だんご》を茹《ゆ》でて、木《き》にさしていくんだ」

「ばんちゃ、残《のこ》った半分《はんぶん》はどうすんの？」

「茹《ゆ》でてから、すり鉢《ばち》に入《い》れてすりこぎ棒《ぼう》でつくんだ。そうしてよーくっと練《ね》ってから、おキツネさまや蛇《へび》やいろんな野菜《やさい》の形《かたち》をつくっていくんだ」

「ふうん」

「さあ、おキツネさまをつくるぞ。かたまりを取《と》って、細長《ほそなが》く丸《まる》めて、まずは顔《かお》と体《からだ》をつくってと」

ばんちゃは手《て》を動《うご》かし、三角《さんかく》の顔《かお》の両端《りょうがわ》をハサミでちょんちょんと切《き》って、ピンと立《た》った耳《みみ》にしました。

「わあ、すごい、キツネの顔《かお》だ。でも、なんでおキツネさまなの？」

「キツネの尻尾《しっぽ》は、実《みの》った稲《いね》の穂《ほ》に似《に》てっぺ。それにキツネの体《からだ》は稲穂《いなほ》と同《おな》じ色《いろ》してる。だから、おキツネさまを飾《かざ》って、豊作《ほうさく》を祈《いの》るんだ」

「次《つぎ》はなにつくんの？」

「巾着《きんちゃく》とヘビだ。お金《かね》がたまるようにな」

「その次《つぎ》は？」

「サトイモとインゲンだ」

「おいしいイモや豆《まめ》ができるようにか？」

「そうだ、みっちゃんもつくってみっか」

「うん、やってみる」

こうしてできたおキツネさまや、巾着《きんちゃく》やヘビ、サトイモやインゲンを、次々《つぎつぎ》とミズキにつけていきます。
さらに色鮮《いろあざ》やかな大判《おおばん》、小判《こばん》、タイなどの団子《だんご》せんべいも飾《かざ》ります。とても賑《にぎ》やかになったミズキの木《き》は、稲《いね》の穂《ほ》がたわわに実《みの》っている様子《ようす》を表《あらわ》しているといわれます。

昔《むかし》、農家《のうか》では、広《ひろ》い座敷《ざしき》いっぱいに、団子《だんご》をさしたミズキを飾《かざ》りました。団子《だんご》さしが終《お》わると、団子《だんご》は団子汁《だんごじる》に入《い》れられたり、夏《なつ》の時期《じき》の子《こ》どものおやつになったり、米《こめ》が取《と》れなくなったときのために残《のこ》しておいたりしました。
会津地方《あいづちほう》の別《べつ》の場所《ばしょ》では、米《こめ》の粉《こな》に赤《あか》や青《あお》や黄色《きいろ》の色《いろ》をつけた団子《だんご》をさしたりもします。大判《おおばん》、小判《こばん》、タイのほかにも、ツル、カメなどの縁起物《えんぎもの》の形《かたち》をした団子《だんご》せんべいもあります。

一月十五日《いちがつじゅうごにち》には、歳《さい》の神《かみ》があります。小正月《こしょうがつ》の伝統《でんとう》の火祭《ひまつ》りを、会津地方《あいづちほう》では

こう呼《よ》びます。

田《た》んぼや公園《こうえん》、河原《かわら》や空《あ》き地《ち》などに、木《き》を組《く》み合《あ》わせた骨組《ほねぐみ》をつくり、家々《いえいえ》から集《あつ》められた松飾《まつかざ》りやしめ縄《なわ》、古《ふる》いお札《ふだ》※3などをのせて歳《さい》の神《かみ》をつくり、火《ひ》をつけ、一《いち》年間《ねんかん》の無病息災《むびょうそくさい》を祈《いの》ります。


下郷町《しもごうまち》のある地域《ちいき》の歳《さい》の神《かみ》の様子《ようす》です。

大小二本《だいしょうにほん》の松《まつ》の木《き》を山《やま》から伐《き》ってきて、そこに刈《か》り取《と》って集《あつ》めておいたカヤの束《たば》を積《つ》み上《あ》げます。まず小《ちい》さな方《ほう》の松《まつ》に火《ひ》をつけて、歳《さい》の神《かみ》が始《はじ》まったことを知《し》らせます。小《ちい》さな松《まつ》が燃《も》えつきたところで、次《つぎ》は大《おお》きな松《まつ》に火《ひ》をつけます。火《ひ》の粉《こ》や灰《はい》が高《たか》く舞《ま》い上《あ》がる頃《ころ》、地域《ちいき》の人《ひと》たちは、各々《おのおの》が持《も》ってきたスルメや餅《もち》や団子《だんご》を竹《たけ》の棒《ぼう》にさして焼《や》いたり、火にあたったりします。

歳《さい》の神《かみ》で焼《や》いた餅《もち》や団子《だんご》を食《た》べると丈夫《じょうぶ》になる。体《からだ》が火《ひ》にあたると若返《わかがえ》り、寒《さむ》くなるとできやすい手足《てあし》のひびキレ※4がなくなるなど、良《よ》いことがたくさんあるといわれています。人々《ひとびと》はぐんぐん舞《ま》い上《あ》がる火《ひ》を見上《みあ》げ、今年《ことし》は天候《てんこう》に恵《めぐ》まれますようと祈《いの》ります。

子《こ》どもたちは、歳《さい》の神《かみ》まで出《で》て来《こ》られない、家《うち》で待《ま》つ年寄《としよ》りや家族《かぞく》のために、燠火《おきび》※5を持《も》ち帰《かえ》って、小遣《こづか》いをもらったりもしました。

歳《さい》の神《かみ》で家族《かぞく》の人数分《にんずうぶん》の団子《だんご》を棒《ぼう》にさして焼《や》き、無病息災《むびょうそくさい》を祈《いの》って食《た》べる家《いえ》もあります。

※1無病息災《むびょうそくさい》　病気《びょうき》をせず、元気《げんき》でいること。
※2五穀豊穣《ごこくほうじょう》　穀物《こくもつ》や農作物《のうさくもつ》が豊《ゆた》かに実《みの》ること。
※3お札《ふだ》　神社《じんじゃ》や寺《てら》が出《だ》す札《ふだ》。神棚《かみだな》などに置《お》いて家《いえ》をまもってもらうもの。
※4ひびキレ　手《て》や足《あし》の先端部分《せんたんぶぶん》が切《き》れること。
※5燠火《おきび》　炎《ほのお》を上《あ》げずに、中心部分《ちゅうしんぶぶん》が燃《も》えている状態《じょうたい》のもの。

成木《なりき》ぜめ

なるか　ならんか　なるか　ならんか
ならん　ならん
ならな　なたで　ぶちぎるぞ
なります　なります

これは、一月十四日《いちがつじゅうよっか》から十五日《じゅうごにち》の小正月《こしょうがつ》といわれる頃《ころ》におこなわれる、成木《なりき》ぜめのかけ合《あ》い歌《うた》です。

成木《なりき》ぜめとは、柿《かき》や梅《うめ》など実《み》のなる木《き》に向《む》かって、今年《ことし》もたくさん実《み》がなりますようにと、おまじないをかけることです。

「なるか　ならんか　ならないなら　なたでぶちぎるぞ」

そう言《い》って、木《き》をおどしながら、なたで傷《きず》をつけるのは、おじいさん。

すると、子《こ》どもたちが、おじいさんの後《あと》を追《お》い、

「なります　なります」

と、木《き》のかわりに答《こた》えます。

ところによっては、おじいさんがつけた木《き》の傷口《きずぐち》に、おかゆをぬったりします。

このとき「おかゆを食《く》わせる」と言《い》うのです。「お酒《さけ》を飲《の》ませる」地域《ちいき》もあります。

『さるカニ合戦《がっせん》』のお話《はなし》では、さるにだまされ、おにぎりと柿《かき》の種《たね》を交換《こうかん》したカニに、

「早《はや》く芽《め》をだせ柿《かき》の種《たね》、出《だ》さなきゃはさみでちょん切《ぎ》るぞ」

「早《はや》く実《み》がなれ柿《かき》の種《たね》、ならなきゃはさみでちょん切《ぎ》るぞ」

と、おどされた柿《かき》の種《たね》が、あわてて芽《め》を出《だ》し、あっという間《ま》にたくさんの実《み》をつける様子《ようす》が描《えが》かれています。

木《き》をおどして、たくさん実《み》がなることを約束《やくそく》させる風習《ふうしゅう》は日本《にほん》の各地《かくち》、そして外《がい》

国《こく》でも広《ひろ》くおこなわれているのだそうです。昔《むかし》から人々《ひとびと》は、木《き》には※精霊《せいれい》が宿《やど》るとか、心《こころ》がある、人《ひと》の言葉《ことば》がわかると信《しん》じてきました。

かつては会津《あいづ》のあちこちで見《み》られた成木《なりき》ぜめの風景《ふうけい》でしたが、最近《さいきん》ではおこなう域地《ちいき》も少《すく》なくなりました。

※精霊《せいれい》　木《き》や植物《しょくぶつ》、自然《しぜん》ひとつひとつに
宿《やど》っているとされる魂《たましい》。

虫送《むしおく》り

会《あい》

津美里町《づみさとまち》の尾岐地区《おまたちく》には、江戸時代《えどじだい》から続《つづ》く、高橋《たかはし》の虫送《むしおく》りが、今《いま》も受《う》け継《つ》がれています。

虫《むし》は稲《いね》の大敵《たいてき》なので、昔《むかし》から日本各地《にほんかくち》で虫送《むしおく》りという行事《ぎょうじ》がありました。松明《たいまつ》を手《て》に田《た》んぼのあぜ道《みち》などを歩《ある》き、害虫《がいちゅう》を退治《たいじ》し、豊作《ほうさく》を祈《いの》るというものです。

三島町《みしままち》では、現在西方《げんざいにしかた》、名入《ないり》、大石田《おおいしだ》の三集落《さんしゅうらく》で虫送《むしおく》りがおこなわれています。

西方《にしかた》の虫送《むしおく》りは、コシアブラやイタヤカエデなどの雑木《ぞうき》をさした荷車《にぐるま》に、虫《むし》と太《たい》鼓《こ》を運《はこ》び入《い》れ、虫送《むしおく》りと書《か》かれた提灯《ちょうちん》を灯《とも》し、太鼓《たいこ》を鳴《な》らして、虫送《むしおく》りの歌《うた》をうたいながら、集落《しゅうらく》を練《ね》り歩《ある》くものです。そのあと、雑木《ぞうき》や提灯《ちょうちん》や虫《むし》を燃《も》やして、行事《ぎょうじ》は終《お》わります。

高橋《たかはし》の虫送《むしおく》りの方《ほう》は、土用《どよう》の入《い》りの前日《ぜんじつ》、例年七月十九日《れいねんしちがつじゅうくにち》におこなわれます。宮《みや》川《かわ》を挟《はさ》んだ東側《ひがしがわ》と西側《にしがわ》の地区《ちく》では、それぞれに虫籠《むしかご》がつくられます。虫籠《むしかご》といっても、時代劇《じだいげき》に出《で》てくる人《ひと》が乗《の》る籠《かご》くらい大《おお》きいものです。

西側《にしがわ》の冑地区《かぶとちく》では、その日《ひ》の朝《あさ》、材料《ざいりょう》を取《と》りに山《やま》に入《はい》り、稲荷神社《いなりじんじゃ》のお社《やしろ》で作《さ》業《ぎょう》します。まず木《き》を組《く》んで籠《かご》の枠《わく》をつくり、木組《きぐみ》の上《うえ》にカヤ※1を葺《ふ》き、さらには大《おお》きなホオ※2の葉《は》を何枚《なんまい》も重《かさ》ねて、虫籠《むしかご》をつくっていきます。

一方《いっぽう》、東側《ひがしがわ》の尾岐窪地区《おまたくぼちく》の虫籠《むしかご》は七月《しちがつ》に入《はい》ってから、地元《じもと》の人《ひと》たちが時間《じかん》と手間《てま》をかけてつくります。クルミの木《き》を芯《しん》に組《く》んで周囲《しゅうい》に細工《さいく》をしていくのですが、その材料《ざいりょう》はクワの枝《えだ》と葉《は》、藤《ふじ》ツルや皮《かわ》、竹《たけ》など、地元《じもと》で集《あつ》められたものです。きれいに編《あ》まれた屋根《やね》の上《うえ》には、色《いろ》とりどりのアジサイの花《はな》を飾《かざ》ります。

夕方《ゆうがた》になると、虫送《むしおく》りが始《はじ》まります。

西側《にしがわ》の冑地区《かぶとちく》の虫籠《むしかご》が、各地域《かくちいき》を回《まわ》り始《はじ》めます。すると、それぞれの家《いえ》では小さな竹《たけ》の枝《えだ》に、「虫送《むしおく》り○山《やま》○子《こ》」と名前《なまえ》を書《か》いたものを下《さ》げて、虫籠《むしかご》にさします。

東《ひがし》と西《にし》の子《こ》どもたちは、高橋《たかはし》にある宮川《みやかわ》にかかる橋《はし》まで、それぞれ歩《ある》いてやってきます。

冑地区《かぶとちく》の籠《かご》は素朴《そぼく》で力強《ちからづよ》いの

で男籠《おとこかご》、尾岐窪《おまたくぼ》地区《ちく》のものは優雅《ゆうが》で美《うつく》しい姿《すがた》から女籠《おんなかご》と呼《よ》ばれています。どちらの籠《かご》にもフキの葉《は》で包《つつ》まれた虫《むし》が入《はい》っています。

川《かわ》の両側《りょうがわ》から登場《とうじょう》した男籠《おとこかご》と女籠《おんなかご》は、橋《はし》の中央《ちゅうおう》に並《なら》べられます。

午後八時《ごごはちじ》、いよいよ虫《むし》たちを送《おく》る時間《じかん》です。

東《ひがし》の龍門寺《りゅうもんじ》の和尚《おしょう》さまと、西《にし》の仁王寺《にんのうじ》の和尚《おしょう》さまが、虫供養《むしくよう》のお経《きょう》を唱《とな》えます。

田《た》んぼや畑《はたけ》で作物《さくもつ》をつくるときは、害虫《がいちゅう》になる虫《むし》を退治《たいじ》しなくてはなりませんが、虫《むし》も生《い》き物《もの》です。稲《いね》や野菜《やさい》を守《まも》るために殺《ころ》される虫《むし》たちを、お経《きょう》をあげて供養《くよう》をするのです。

　ブオーッ　ブオッ　ブオッ　ブオーッ

法螺貝《ほらがい》が鳴《な》ります。

「稲《いね》の虫《むし》も　煙草《たばこ》の虫《むし》も　送《おく》んぞおー」

　ブオーッ　ブオッ　ブオッ　ブオーッ

「稲《いね》の虫《むし》も　煙草《たばこ》の虫《むし》も　送《おく》んぞおー」

法螺貝《ほらがい》の音《おと》と、人々《ひとびと》の歌《うた》に送《おく》られて、ふたつの虫籠《むしかご》は、橋《はし》の上《うえ》から落《お》とされ川《かわ》に流《なが》されます。その流《なが》れていく虫籠《むしかご》を見送《みおく》りながら、大人《おとな》も子《こ》どもも五穀豊穣《ごこくほうじょう》を祈《いの》るのです。

※1カヤ葺《ふ》き　カヤなどを材料《ざいりょう》にして、屋根《やね》にすること。

※2ホオの葉《は》　ホオの木《き》の葉《は》。二十《にじゅう》～五十《ごじゅっ》センチの長《なが》さになる。

お月見《つきみ》

九《く》月十五日《がつじゅうごにち》の満月《まんげつ》の夜《よる》、きれいな月《つき》を眺《なが》めながら「月《つき》にはうさぎがいて餅《もち》つきをしているんだよ」と、大人《おとな》の人《ひと》はよくこんな話《はなし》をしてくれました。

昔《むかし》、サルとキツネとウサギが仲良《なかよ》く暮《く》らしていました。ある日《ひ》のこと、野原《のはら》の真《ま》ん中《なか》におじいさんが倒《たお》れていて、「お腹《なか》が空《す》いて動《うご》けない」と切《せつ》なそうに言《い》いました。

「そりゃ大変《たいへん》、おじいさんの食《た》べるものを探《さが》しに行《い》こう」

サルは得意《とくい》の木登《きのぼ》りで、木《き》の実《み》や果物《くだもの》を集《あつ》めてきました。キツネは自慢《じまん》のしっぽを使《つか》って川《かわ》から魚《さかな》をとってきました。しかし、ウサギはいっしょうけんめいに野原《のはら》をかけまわったのですが、何《なに》も持《も》ってくることはできませんでした。

　サルとキツネからは、

「なんで何《なに》も持《も》ってこないんだ」

と責《せ》められ、ウサギはおじいさんのために何《なに》もできない自分《じぶん》が悲《かな》しくなりました。

　ウサギは、自分《じぶん》にできることはないかと考《かんが》え

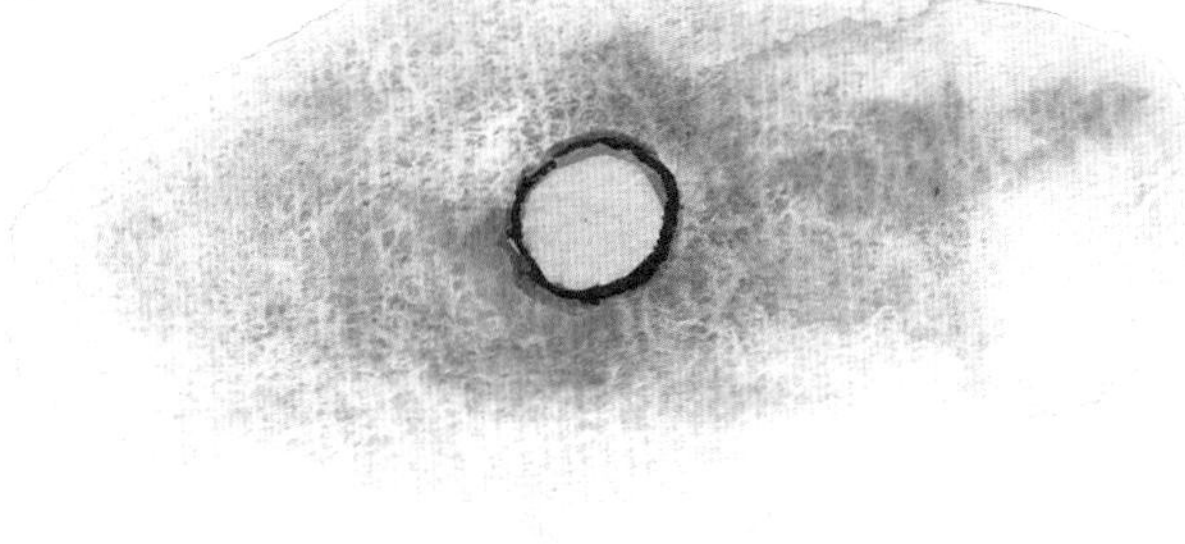

ました。そして、
「おじいさんに食《た》べていただく
ものがみつかりませんでした。
どうぞ私《わたし》を食《た》べてください」
と、火《ひ》の中《なか》に飛《と》び込《こ》んだのです。
その時《とき》、おじいさんはさっと、
ウサギを火《ひ》の中《なか》から抱《だ》き上《あ》げました。
おじいさんは本当《ほんとう》は神様《かみさま》だったのです。
「優《やさ》しく尊《とうと》い心《こころ》の持《も》ち主《ぬし》のウサギよ、そなたに
永遠《えいえん》の命《いのち》をあげよう」
と、神様《かみさま》が言《い》いました。
そうして、ウサギは大好《だいす》きなお月《つき》さまでずっと暮《く》
らすことになったのです。よく見《み》ると、もちをつく
ウサギの姿《すがた》が見《み》えるといわれています。

さて、空気《くうき》の澄《す》んだ秋《あき》の月《つき》は一年中《いちねんじゅう》で一番美《いちばんうつく》しく、この日《ひ》はススキや団子《だんご》や、十五《※じゅうご》品《しな》の秋《あき》の野菜《やさい》や果物《くだもの》をお供《そな》えします。穂《ほ》のあるススキは稲《いね》、団子《だんご》はお月《つき》さまを表《あらわ》しているともいわれます。

もともとは、旧暦《きゅうれき》の八月十五日《はちがつじゅうごにち》におこなわれていた行事《ぎょうじ》です。旧暦《きゅうれき》とは、今《いま》の暦《こよみ》は地球《ちきゅう》が太陽《たいよう》の周《まわ》りを一周《いっしゅう》するのに合《あ》わせてつくられているのに対《たい》し、お月《つき》さまが満《み》ちたり欠《か》けたりするのを基準《きじゅん》につくられていた暦《こよみ》です。日本《にほん》の国《くに》で千三百年以《せんさんびゃくねんい》上《じょう》も使《つか》われてきた暦《こよみ》で、明治《めいじ》の初《はじ》めまで使《つか》われていました。

稲作《いなさく》が中心《ちゅうしん》だった昔《むかし》の人々《ひとびと》は、お月《つき》さまの満《み》ち欠《か》けをみながら種《たね》を蒔《ま》き肥料《ひりょう》をあげたりしながら暮《く》らしてきたのです。そんなお月《つき》さまに人々《ひとびと》は感謝《かんしゃ》して、秋《あき》の収穫《しゅうかく》物《ぶつ》をお供《そな》えしていたのでしょう。

十五夜《じゅうごや》のお月見《つきみ》は、里芋《さといも》やサツマイモが供《そな》えられて「芋名月《いもめいげつ》」ともいわれます。また旧暦《きゅうれき》の九月十三日《くがつじゅうさんにち》は十三夜《じゅうさんや》といい、十五夜《じゅうごや》の約一《やくいっ》ヶ月後《かげつご》であることから「後《のち》の月《つき》」と呼《よ》ばれたり、栗《くり》や豆《まめ》の収穫期《しゅうかくき》に当《あ》たるので「栗名月《くりめいげつ》」「豆名月《まめめいげつ》」ともいわれます。

❖ いろいろな月《つき》の呼《よ》び名《な》

お月《つき》さまを毎日《まいにち》見上《みあ》げながら、人々《ひとびと》はいろいろな呼《よ》び方《かた》をしてその様子《ようす》を楽《たの》しみました。いちばん輝《かがや》く十五夜《じゅうごや》の前《まえ》に、昔《むかし》の人々《ひとびと》は旧暦八月一日《きゅうれきはちがつついたち》の月《つき》を「初月《はつづき》」といい、名月《めいげつ》を待《ま》ち始《はじ》めました。二日月《ふつかづき》、三日月《みかづき》、そして前日《ぜんじつ》の十四日《じゅうよっか》は「待宵《まつよい》」といって翌日《よくじつ》の十五夜《じゅうごや》を楽《たの》しみにしました。

さて、待《ま》ちわびた十五夜《じゅうごや》の夜《よる》にお月《つき》さまが見《み》えなかったら、その楽《たの》しみはどうなるのでしょう。でもそんな残念《ざんねん》な日《ひ》も、曇《くも》りなら「無月《むげつ》」、雨《あめ》が降《ふ》ったならば「雨月《うげつ》」といって、人々《ひとびと》はどんな状況《じょうきょう》でもお月見《つきみ》を楽《たの》しむ心《こころ》を持《も》っていました。

また、お月《つき》さまを楽《たの》しむのはここでは終《お》わりません。十五夜《じゅうごや》からだんだんと遅《おそ》くなっていく月《つき》の出《で》もまた楽《たの》しむのです。

「十六夜《いざよい》」十五夜《じゅうごや》の次《つぎ》の日《ひ》の少《すこ》し遅《おく》れて出《で》てくる月《つき》。

「立待月《たちまちづき》」いつ出《で》るかと、縁側《えんがわ》に立《た》ったり戸口《とぐち》に出《で》たりして待《ま》つ十七日《じゅうしちにち》の月《つき》。

「居待月《いまちづき》」月《つき》が出《で》るのを待《ま》ちくたびれて、座《すわ》ってしまう十八日《じゅうはちにち》の月《つき》。

「寝待月《ねまちづき》」ずいぶん月《つき》の出《で》が遅《おそ》くなり、寝床《ねどこ》に入《はい》って待《ま》つ十九日《じゅうくにち》の月《つき》。
「更待月《ふけまちづき》」あんまり月《つき》の出《で》が遅《おそ》いので、一眠《ひとねむ》りしてみる二十日《はつか》の月《つき》。
「有明月《ありあけづき》」二十六日目《にじゅうろくにちめ》ともなると、夜明《よあ》けになってからようやく出《で》てくる月《つき》。
こんなにも、日本人《にほんじん》は昔《むかし》からお月《つき》さまが大好《だいす》きだったのです。

※十五品《じゅうごしな》の秋《あき》の野菜《やさい》や果物《くだもの》　トマト・ナス・キュウリ・南瓜《かぼちゃ》・瓜《うり》・大根《だいこん》・人参《にんじん》・ミョウガ・サツマイモ・里芋《さといも》・とうもろこし・ゴボウ・枝豆《えだまめ》・栗《くり》・粟《あわ》など。

会津《あいづ》のお祭《まつ》り

御田植祭《おたうえまつり》

御《お》田植祭《たうえまつり》は、「田植《たう》えの作業《さぎょう》は大変《たいへん》だけど『田植歌《たうえうた》』でもうたいながら楽《たの》しく仕事《しごと》をしましょう」という知恵《ちえ》と、田《た》の神様《かみさま》をおまつりして「お米《こめ》がたくさんとれますように」という願《ねが》いが込《こ》められたお祭《まつ》りです。

昔《むかし》は全国各地《ぜんこくかくち》で御田植祭《おたうえまつり》がおこなわれていましたが、その数《かず》はだんだんと減《へ》っていきました。しかし、会津《あいづ》にはまだいくつかの地域《ちいき》に残《のこ》されており、喜多方市《きたかたし》の「慶徳稲荷御田植祭《けいとくいなりおたうえまつり》」と会津美里町《あいづみさとまち》「伊佐須美神社御田植祭《いさすみじんじゃおたうえまつり》」は「会津《あいづ》の御田植祭《おたうえまつり》」として、国《くに》の重要無形民俗文化財《じゅうようむけいみんぞくぶんかざい》になっています。

この御田植祭《おたうえまつり》からは、「昔《むかし》はこんなふうに田植《たう》えをしていたんだなぁ」とか「こんな歌《うた》をうたって、こんなふうにお祈《いの》りしていたのか」などと知《し》ることができます。

会津地方《あいづちほう》の御田植祭《おたうえまつり》には「デコ様《さま》」という「田植人形《たうえにんぎょう》」が登場《とうじょう》します。これには田《た》の神様《かみさま》が宿《やど》っているとして、「※1神輿渡御《みこしとぎょ》」という行列《ぎょうれつ》に参列《さんれつ》したり、田植《たう》えをするときには神田《しんでん》の脇《わき》に立《た》てられます。

「伊佐須美神社御田植祭《いさすみじんじゃおたうえまつり》」では、五百年以上前《ごひゃくねんいじょうまえ》からうたわれている「催馬楽《さいばら》」という田植歌《たうえうた》があります。また、全国《ぜんこく》でも珍《めず》しい「※2獅子追《ししお》い」というものもあります。

「慶徳稲荷神社御田植祭《けいとくいなりじんじゃおたうえまつり》」は※3半夏生《はんげしょう》の七月二日《しちがつふつか》におこなわれ、会津坂下町《あいづばんげまち》「栗村稲《くりむらいな》荷《り》神社《じんじゃ》御田植祭《おたうえまつり》」は七月七日《しちがつなのか》におこなわれて早乙女踊《さおとめおど》りが披露《ひろう》されます。

会津各地《あいづかくち》の御田植祭《おたうえまつり》からは、昔《むかし》の人々《ひとびと》が田《た》んぼに神様《かみさま》をお迎《むか》えして楽《たの》しそうに田《た》植《う》えをおこなっている、のどかな風景《ふうけい》が見《み》えてきます。

❖ 獅子追《ししお》い

七月十二日《しちがつじゅうににち》におこなわれる「伊佐須美神社御田植祭《いさすみじんじゃおたうえまつり》」では、何百人《なんびゃくにん》もの会津美里町《あいづみさとまち》の小中学生《しょうちゅうがくせい》によって獅子追《ししお》いが始《はじ》まります。獅子《しし》とは、牛《うし》や馬《うま》や山《やま》の動物《どうぶつ》たちをさしています。

ドンドンドンドンとなる太鼓《たいこ》の音《おと》を合図《あいず》に、「親獅子《おやじし》」「白獅子《しろじし》」「葦毛駒《あしげこま》」「赤馬《あかうま》」「鹿《しか》」「白馬《しろうま》」「先牛《さきうし》」「後牛《あとうし》」をかたどった頭《かしら》が持《も》ち上《あ》げられ、「ワッショイ」と小中学生《しょうちゅうがくせい》が元気《げんき》な掛《か》け声《ごえ》をかけながら町《まち》を走《はし》って「御田神社《おだじんじゃ》」へと向《む》かいます。御田神社《おだじんじゃ》にある御正作田《みしょうさくでん》

（神田《しんでん》）では、獅子《しし》たちが「ワッショイ、ワッショイ」と掛《か》け声《ごえ》をかけながら左回《ひだりまわ》りに三回《さんかい》まわって踏《ふ》み鳴《な》らします。これは悪魔祓《あくまばら》いの「田《た》あらし」といいます。

全国《ぜんこく》でも珍《めずら》しい「獅子追《ししお》い」が、なぜこの地《ち》でおこなわれたのでしょう。昔《むかし》の人々《ひとびと》は山《やま》には神様《かみさま》が宿《やど》っていると信《しん》じていましたので、山《やま》の動物《どうぶつ》たちにもまた神様《かみさま》が宿《やど》っていると考《かんが》えられ、獅子《しし》たちを神様《かみさま》のお使《つか》いとして招《まね》いたのかもしれません。

❖ 田植歌《たうえうた》

神輿《みこし》が町中《まちなか》を練《ね》り歩《ある》くときや田植《たう》えをおこなうときに「田植歌《たうえうた》」がうたわれるのですが、これを「催馬楽《さいばら》」といいます。伊佐須美神社《いさすみじんじゃ》の御田植祭《おたうえまつり》では、今《いま》でも昔《むかし》の言葉《ことば》のままに、「ホー」という掛《か》け声《ごえ》を間《あいだ》に入《い》れながらうたわれています。

わかりやすくすると、次《つぎ》のような内容《ないよう》になります。

「催馬楽《さいばら》（田植歌《たうえうた》）」

伊佐須美《いさすみ》の神様《かみさま》がおいでになる　※4御座船《ござぶね》を用意《ようい》しました（ホー）
伊佐須美《いさすみ》様《さま》の田《た》んぼは　高天原《たかまがはら》の良《よ》い所《ところ》にあります（ホー）
その田《た》んぼは、灰色《はいいろ》の馬《うま》がすでに耕《たがや》しています（ホー）
光《ひかり》は明《あか》るく澄《す》み、聞こえてくる竹《たけ》の音《ね》はなんとも清々《すがすが》しいものです（ホー）
伊佐須美《いさすみ》様《さま》の水田《すいでん》には　やがて豊《ゆた》かな稲穂《いなほ》が実《みの》るでしょう（ホー）
広《ひろ》い田《た》んぼも小《ちい》さい田《た》んぼも　植《う》えるのは楽《たの》しいものです（ホー）
葦毛《あしけ》の白《しろ》い馬《うま》が高天原《たかまがはら》につながれています（ホー）
秋《あき》の稲穂《いなほ》は首《くび》をたれ、豊《ゆた》かな実《みの》りとなるでしょう（ホー）
伊佐須美《いさすみ》様《さま》がおいでになり、灰色《はいいろ》の馬《うま》がつながれています（ホー）
広《ひろ》い田《た》んぼも小《ちい》さい田《た》んぼも　植《う》えるのは楽《たの》しいものです（ホー）
そおっとそおっと　竹《たけ》の長《なが》い柄《え》をそおっと入《い》れましょう（ホー）

※残念《ざんねん》ながら、最後《さいご》の一行《いちぎょう》がわかりません。

❖ 早乙女《さおとめ》踊《おど》り

神輿《みこし》が御田神社《おだじんじゃ》に到着《とうちゃく》し、神職《しんしょく》※5がお祈《いの》りの言葉《ことば》を述《の》べた後《あと》に「早乙《さおと》女踊《めおど》り」が踊《おど》られます。

早乙女《さおとめ》とは田植《たう》えをする若《わか》い女《おんな》の人《ひと》の意味《いみ》です。「伊佐須美神社御田植祭《いさすみじんじゃおたうえまつり》」では佐布川《さぶかわ》という集落《しゅうらく》の長男《ちょうなん》に受《う》け継《つ》がれてきました。男《おとこ》の人《ひと》たちが絣《かすり》の着物《きもの》に赤《あか》いたすきを掛《か》け、白手《しろて》ぬぐいに新《あたら》しい菅《すげ》※6笠《がさ》をかぶり、早乙女《さおとめ》の姿《すがた》をした七《しち》、八人《はちにん》が一列《いちれつ》になって踊《おど》ります。

その前《まえ》では「えんぶり」という田植《たう》え前《まえ》に田《た》をならすのに使《つか》う道具《どうぐ》を持《も》っ

て、二人《ふたり》の男性《だんせい》が踊《おど》ります。さらに、羽子板《はごいた》を鋤《すき》や鍬《くわ》に見立《みた》てて踊《おど》る「羽子板踊《はごいたおどり》」、「棒踊《ぼうおどり》」や白《しろ》い扇《おうぎ》を早苗《さなえ》に見立《みた》てて田植《たう》えの様子《ようす》を踊《おど》る「扇子踊《せんすおどり》」の三《みっ》つを踊《おど》ります。

ここには、昔《むかし》の田植《たう》えの様子《ようす》が表現《ひょうげん》されているのです。

そして「催馬楽《さいばら》」がうたわれて、早乙女《さおとめ》たちが神田《しんでん》に苗《なえ》を植《う》えていきます。

御田植祭《おたうえまつり》がこうして終《お》わると、やがて村々《むらむら》でも歌《うた》をうたいながら楽《たの》しく田植《たう》えがおこなわれていったのです。

※1神輿渡御《みこしとぎょ》　神様《かみさま》の乗《の》られた神輿《みこし》が進《すす》むこと。

※2獅子《しし》　神様《かみさま》が宿《やど》っていると考《かんが》えられた獅子《しし》たちで、鹿《しか》は田《た》の神《かみ》の使《つか》いと考《かんが》えられ、牛《うし》や馬《うま》は鎌倉時代以降《かまくらじだいいこう》の農耕《のうこう》を営《いとな》む動物《どうぶつ》としての意味合《いみあ》いが強《つよ》く、親獅子《おやじし》や白獅子《しろじし》は後《のち》に加《くわ》えられました。

※3半夏生《はんげしょう》　夏至《げし》から十一日目《じゅういちにちめ》で、七月二日頃《しちがつふつかごろ》。

※4御座船《ござぶね》　尊《とうと》い人《ひと》の乗《の》る船《ふね》のこと。

※5神職《しんしょく》　神様《かみさま》にお仕《つか》えし、祭儀《さいぎ》や神社《じんじゃ》の務《つとめ》をおこなう人《ひと》のこと。

※6菅笠《すげがさ》　スゲという草《くさ》を用《もち》いてつくられた笠《かさ》。

田《た》島《じま》祇園祭《ぎおんまつり》

田《た》島《じま》の祇園祭《ぎおんまつり》は日本三大祇園祭《にほんさんだいぎおんまつり》といわれるほど、盛大《せいだい》で華《はな》やかな祭《まつり》です。祭《まつり》は

七月二十二日《しちがつにじゅうににち》から三日間《みっかかん》おこなわれ、その間《あいだ》は、多《おお》くの人出《ひとで》で賑《にぎ》わいます。二十二日《にじゅうににち》と二十三日《にじゅうさんにち》は、本屋台《もとやたい》、中屋台《なかやたい》、上屋台《かみやたい》、西屋台《にしやたい》と呼《よ》ばれる四《よっ》つの大屋《おおや》台《たい》が大勢《おおぜい》の子《こ》どもたちを乗《の》せ、町中《まちなか》を走《はし》りまわります。屋台《やたい》どうしがぶつかりそうになるほどの威勢《いせい》のよさに、子《こ》どもたちは、「オーンサーン　ヤレカケロ」という掛《か》け声《ごえ》で、屋台《やたい》の引手《ひきて》と押手《おして》をはやしたてます。

屋台《やたい》では子《こ》ども歌舞伎《かぶき》も上演《じょうえん》されます。子《こ》どもたちはこの二日間《ふつかかん》のために、日《ひ》ごろから稽古《けいこ》を重《かさ》ねているのです。

本祭《ほんまつり》の二十三日《にじゅうさんにち》には、神様《かみさま》へお供《そな》えものを献上《※1けんじょう》する七行器行列《ななほかいぎょうれつ》がおこなわれます。行器《ほかい》とは、食《た》べ物《もの》を運《はこ》ぶ器《うつわ》のことをいいます。神様《かみさま》に近《ちか》くにおいでくださいとお願《ねが》いするために、お酒《さけ》や赤飯《せきはん》、鯖魚《さばうお》などを行器《ほかい》に入《い》れて、お党《※2とう》や本《ほん》の家《いえ》から神社《じんじゃ》までお運《はこ》びする、大変神聖《たいへんしんせい》な行列《ぎょうれつ》です。

行器《ほかい》を持《も》つ人《ひと》は、男《おとこ》は裃姿《かみしもすがた》、女《おんな》は花嫁姿《はなよめすがた》です。息《いき》がかからないように、腕《うで》を目《め》の高《たか》さにあげて運《はこ》びます。行器《ほかい》は重《おも》く、道《みち》のりは長《なが》いので、交代《こうたい》で持《も》ちます。何《なん》十人《じゅうにん》もの花嫁《はなよめ》さんが練《ね》り歩《ある》く様子《ようす》はとても豪華《ごうか》で、日本一《にほんいち》の花嫁行列《はなよめぎょうれつ》としても有名《ゆうめい》です。

そして最終日《さいしゅうび》の二十四日《にじゅうよっか》は、太々御神楽《※3だいだいおかぐら》が奉納《ほうのう》されます。歌《うた》やことばがなく、笛《ふえ》や太鼓《たいこ》の調《しら》べだけで舞《ま》う神楽《かぐら》はとてもおごそかで、最後《さいご》には菱餅《ひしもち》がまかれます。

祇園祭《ぎおんまつり》は、疫病《えきびょう》を神様《かみさま》の力《ちから》で退散《たいさん》させるために、今《いま》から千年以上《せんねんいじょう》も昔《むかし》、京都《きょうと》でおこなわれたのが最初《さいしょ》です。田島町《たじままち》には約八百年前《やくはっぴゃくねんまえ》に、田島《たじま》の領主《※4りょうしゅ》が京都《きょうと》の祇園《ぎおん》祭《まつり》を取《と》り入《い》れたことがはじまりといわれています。それからというもの、田島《たじま》では一年《いちねん》が祇園祭《ぎおんまつり》を中心《ちゅうしん》に過《す》ぎていきます。

祭《まつり》を取《と》り仕切《しき》るのは、お党《とう》やと呼《よ》ばれる人々《ひとびと》です。田島《たじま》には九《ここの》つのお党《とう》やの組《くみ》があり、毎年交代《まいとしこうたい》でおこないます。

一月十五日《いちがつじゅうごにち》は、祇園祭《ぎおんまつり》の最初《さいしょ》の行事《ぎょうじ》、「お千度《せんど》」です。その年当番《としとうばん》になったお党《とう》や組《ぐみ》の男《おとこ》たちは、紋付羽織《もんつきはお》り姿《すがた》で、田出宇賀神社《たでうがじんしゃ》と熊野神社《くまのじんじゃ》

に千度参《せんどまい》りをした後酒《あとさけ》を供《そな》えて、※5一升《いっしょう》の大盃《おおさかずき》になみなみと注《そそ》ぎ、かわりばんこに飲《の》み干《ほ》します。みんなたいそう酔《よ》っぱらってしまいますが、神様《かみさま》に供《そな》えた酒《さけ》を飲《の》むことで、神《かみ》の力《ちから》を体《からだ》の中《なか》に入《い》れ、神《かみ》に近《ちか》づくことができるとされているのです。

六月三十日《ろくがつさんじゅうにち》は「大祓式《おおはらえしき》」。祭《まつり》に関《かか》わる人《ひと》たちが、祭《まつり》の成功《せいこう》を祈《いの》って、半年《はんとし》の間《あいだ》にたまった「けがれ」を祓《はら》いおとします。

七月七日《しちがつなのか》になると、お党《とう》やの人《ひと》たちは※6注連縄《しめなわ》をつくり自分《じぶん》の家《いえ》に張《は》り、身《み》を清《きよ》めます。この日《ひ》から祇園祭《ぎおんまつり》が終《お》わるまで、肉《にく》や卵《たまご》を食《た》べたり、お葬式《そうしき》に参加《さんか》することなどが禁止《きんし》されるのです。

その後《あと》も祭《まつり》に向《む》けて、神様《かみさま》に供《そな》えるどぶろくをつくったり、祇園祭《ぎおんまつり》に使《つか》う道具類《どうぐるい》を点検《てんけん》したりと、さまざまな行事《ぎょうじ》がおこなわれ、本番《ほんばん》を迎《むか》えます。祭《まつり》の表《おもて》に出《で》る人《ひと》だけでなく、祭《まつり》を支《ささ》える町《まち》の人《ひと》みんなの力《ちから》で、南会津町田島《みなみあいづまちたじま》の伝統《でんとう》が守《まも》られています。

※1献上《けんじょう》　ものを差《さ》し上《あ》げること。

※2お党《とう》や本《ほん》の家《いえ》　お党《とう》やは、祭《まつ》りをおこなうための組織《そしき》。本《ほん》の家《いえ》はお党《とう》や組《ぐみ》の中心《ちゅうしん》となる家《いえ》。

※3太々御神楽《だいだいおかぐら》　神様《かみさま》に供《そな》える舞《まい》。

※4領主《りょうしゅ》　その地域《ちいき》を治《おさ》める有力者《ゆうりょくしゃ》。

※5一升《いっしょう》　一《いっ》・八《はち》リットル。

※6注連縄《しめなわ》　神聖《しんせい》なものとそうでないものとの間《あいだ》に張《は》る縄《なわ》。

会津《あいづ》まつり

昭《しょう》和三年《わさんねん》（１９２８）、秩父宮親王殿下《ちちぶのみやしんのうでんか》（昭和天皇《しょうわてんのう》の弟宮《おとうとみや》）と松平節子《まつだいらせつこ》さんがご結婚《けっこん》されました。松平節子《まつだいらせつこ》さん（結婚後《けっこんご》、勢津子《せつこ》と改《あらた》める）は、会津藩《あいづはん》最後《さいご》の藩主《はんしゅ》である松平容保《まつだいらかたもり》の孫娘《まごむすめ》にあたる方《かた》です。

会津藩《あいづはん》は幕末《ばくまつ》の会津戦争《あいづせんそう》で敗《やぶ》れてから、つらい経験《けいけん》をしていました。そのため会《あい》津《づ》の人々《ひとびと》は節子《せつこ》さんが天皇家《てんのうけ》の一員《いちいん》になることを、たいそう喜《よろこ》びました。

勢津子妃《せつこひ》が御一家《ごいっか》で会津《あいづ》を訪《おとず》れたのは、昭和二十八年《しょうわにじゅうはちねん》（１９５３）七月《しちがつ》のことです。会津《あいづ》の人《ひと》たちは、勢津子妃《せつこひ》を歓迎《かんげい》するために、旧謹教《きゅうきんきょう》小学校《しょうがっこう》から宿泊先《しゅくはくさき》の東山《ひがしやま》温泉《おんせん》「重陽閣《ちょうようかく》」まで約千五百人《やくせんごひゃくにん》が行進《こうしん》し、そのなかの数百人《すうひゃくにん》が「重陽閣《ちょうようかく》」の前《まえ》でほうずき提灯《ちょうちん》をかかげました。勢津子妃《せつこひ》は三階《さんかい》の廊下《ろうか》から手《て》を振《ふ》って、それに応《こた》えられたそうです。

「重陽閣《ちょうようかく》」は現在《げんざい》、御薬園《おやくえん》に移築《いちく》され、保存《ほぞん》されています。

現在《げんざい》の会津《あいづ》まつりは、例年《れいねん》九月二十二日《くがつにじゅうににち》からの三日間《みっかかん》、提灯行列《ちょうちんぎょうれつ》、会津磐梯山《あいづばんだいさん》踊《おど》り、会津藩校行列《あいづはんこうぎょうれつ》などがおこなわれています。会津《あいづ》の歴史《れきし》を知《し》り、先人《せんじん》をしのぶ祭《まつり》です。

❖ 提灯行列《ちょうちんぎょうれつ》　会津磐梯山踊《あいづばんだいさんおど》り

提灯行列《ちょうちんぎょうれつ》は、会津若松市内《あいづわかまつしない》の子《こ》どもたちが提灯《ちょうちん》を持《も》って歩《ある》きます。

二日間開催《ふつかかんかいさい》される会津磐梯山踊《あいづばんだいさんおど》りは、神明通《しんめいどお》りにつくられた櫓《やぐら》を囲《かこ》んで、民謡《みんよう》「会津磐梯山《あいづばんだいさん》」に合《あ》わせて、大勢《おおぜい》の人《ひと》たちが踊《おど》ります。

❖ 会津藩公《あいづはんこう》行列《ぎょうれつ》

かつては大名《だいみょう》行列《ぎょうれつ》と呼《よ》ばれていたものです。行列《ぎょうれつ》は総勢五百名《そうぜいごひゃくめい》で構成《こうせい》され、朝《あさ》に鶴ヶ城本丸《つるがじょうほんまる》で出陣式《しゅつじんしき》がおこなわれた後《あと》、時代衣装《じだいいしょう》をつけた隊列《たいれつ》が、市内《しない》を練《ね》り歩《ある》きます。

行列《ぎょうれつ》には、会津《あいづ》の歴代領主《れきだいりょうしゅ》（殿様《とのさま》）たちが登場《とうじょう》します。葦名時代《あしなじだい》（鎌倉《かまくら》〜室町時代《むろまちじだい》）から始《はじ》まり、伊達政宗《だてまさむね》、蒲生氏郷《がもううじさと》、上杉景勝《うえすぎかげかつ》の安土《あづち》桃山時代《ももやまじだい》、江戸時代《えどじだい》は再《ふたた》び領主《りょうしゅ》となった蒲生時代《がもうじだい》から、加藤時代《かとうじだい》、保科正之時代《ほしなまさゆきじだい》、松平容保時代《まつだいらかたもりじだい》と続《つづ》き、歴代領主《れきだいりょうしゅ》に扮《ふん》した会津《あいづ》ゆかりの人《ひと》たちが、馬《うま》にまたがり堂々《どうどう》と進《すす》んでいきます。

若殿《わかとの》、姫《ひめ》、白虎隊《びゃっこたい》は中学生《ちゅうがくせい》が、中野竹子《なかのたけこ》や娘子隊《じょうしたい》などは高校生《こうこうせい》が学校《がっこう》ごとに順番《じゅんばん》で担当《たんとう》しています。姉妹都市《しまいとし》の青森県《あおもりけん》むつ市《し》など、会津《あいづ》ゆかりの場所《ばしょ》からの参加者《さんかしゃ》もいます。

また、市内《しない》では、大砲《たいほう》や火縄銃《ひなわじゅう》の実演《じつえん》、太鼓《たいこ》の演奏《えんそう》や呼《よ》び込《こ》み奉行《ぶぎょう》による隊列《たいれつ》の

紹介《しょうかい》などがおこなわれます。

最終日《さいしゅうび》には日新館童子行列《にっしんかんどうじぎょうれつ》や市内全小学校《しないぜんしょうがっこう》による鼓笛隊《こてきたい》パレードもおこなわれます。

会津《あいづ》まつりでは、こうして大人《おとな》も子《こ》どもたちも、会津藩《あいづはん》や会津《あいづ》の歴史《れきし》を振《ふ》り返《かえ》る三日間《みっかかん》を過《す》ごすのです。

会津《あいづ》のおいしい話《はなし》

お正月料理《しょうがつりょうり》

お正月《しょうがつ》に食《た》べる料理《りょうり》を「おせち料理《りょうり》」といいますが、以前《いぜん》は数《かず》の子《こ》やかまぼこやきんとんなどの他《ほか》に、[※1]棒《ぼう》たらや豆数《まめかず》の子《こ》、にしんの昆布《こぶ》巻《ま》き、えご[※2]など地域《ちいき》によって少《すこ》し違《ちが》いもありますが、会津独特《あいづどくとく》の食《た》べ物《もの》も多《おお》く入《はい》っていました。特《とく》に、棒《ぼう》たらやにしんや数《かず》の子《こ》などは海《うみ》のもので会津《あいづ》ではとれませんが、新潟《にいがた》の海《うみ》から阿賀野川《あがのがわ》を通《とお》って、会津《あいづ》に運《はこ》ばれてきました。

さて、会津《あいづ》にはこんなわらべうたがありました。

お正月《しょうがつ》さま　どちらまで　磐梯山《ばんだいさん》の陰《かげ》まで
何《なに》を土産《みやげ》に持《も》ってくる　木《こ》っ端《ぱ》のような餅《もち》持《も》って

雪《ゆき》のような米《こめ》持《も》って　笹《ささ》のような魚《とど》もって
弓《ゆみ》の矢《や》を腰《こし》に刺《さ》し　羽《はね》をつきつき　ござる

そして、お正月《しょうがつ》さまが持《も》ってきてくれたごちそうを食《た》べて喜《よろこ》ぶわらべうたへと繋《つな》がります。

お正月《しょうがつ》はいいもんだ
雪《ゆき》のようなまんま（飯《めし》）食《く》って
木《こ》っ端《ぱ》のようなおいよ（魚《さかな》）食《く》って
油《あぶら》のような酒《さけ》のんで
お正月《しょうがつ》はいいもんだ

❖ 一日《ついたち》・元日《がんじつ》そば

年越《としこ》しそばが一般的《いっぱんてき》になってきましたが、会津《あいづ》では「元日《がんじつ》そば」として元日《がんじつ》に食《た》べる家《いえ》も多《おお》くあります。

そばのように細《ほそ》く長《なが》く生《い》きられますようにとの願《ねが》いが込《こ》められています。昔《むかし》はおにぎりというところもあったと聞《き》きます。

❖ 二日《ふつか》・餅《もち》

雑煮《ぞうに》のことを、会津《あいづ》では「つゆ餅《もち》」といいました。短冊《たんざく》に切《き》った大根《だいこん》や人参《にんじん》、油揚《あぶらあ》げ、ささがきごぼうなどの具《ぐ》を醤油《しょうゆ》で味付《あじつ》けした汁《しる》に餅《もち》を入《い》れて食《た》べました。ほかにも、あんこ餅《もち》やきなこ餅《もち》や納豆餅《なっとうもち》など、いろいろな味《あじ》の餅《もち》を食《た》べました。

❖ 三日《みっか》・とろろ飯《めし》と納豆汁《なっとうじる》

三日《みっか》にとろろ飯《めし》を食《た》べますが、とろろは消化《しょうか》が良《よ》いので、長生《ながい》きをするといわれます。また、一緒《いっしょ》に納豆汁《なっとうじる》を食《た》べるところもあります。これは、里芋《さといも》や里芋《さといも》の茎《くき》の皮《かわ》をむいて干《ほ》しておいた「芋《いも》の茎《くき》」などが入《はい》り、そこに叩《たた》いた納豆《なっとう》を入《い》れてつくります。栄養《えいよう》たっぷりで、ぽかぽか体《からだ》も温《あたた》まります。

❖ 七日《なのか》・七草粥《ななくさがゆ》

「せり・なずな・ごぎょう・はこべら・ほとけのざ・すずな・すずしろ」の七種類《ななしゅるい》の若菜《わかな》を入《い》れてつくります。雪《ゆき》につつまれた会津《あいづ》で摘《つ》むことは難《むずか》しいですが、「せり」はきれいな水《みず》の流《なが》れる小川《おがわ》や田《た》んぼなどに出《で》ます。

「なずな」はぺんぺん草《ぐさ》といわれる草《くさ》で、畑《はたけ》などにたくさん出《で》ます。

「ごぎょう」とは母子草《ははこぐさ》のことです。畑《はたけ》や野原《のはら》に見《み》られます。

「はこべら」はハコベのこと、「ほとけのざ」も畑《はたけ》な

どによくあります。

「すずな」は蕪《かぶ》で、「すずしろ」は大根《だいこん》です。

七草粥《ななくさがゆ》は、こうした七草《ななくさ》を入《い》れた体《からだ》に優《やさ》しいおかゆです。

❖ ちょっと寄《よ》り道《みち》

「七草《ななくさ》」の食《た》べ物《もの》ではありませんが、この日《ひ》に昔《むかし》は七《なな》つになった子《こ》どものお祝《いわ》いがおこなわれました。子《こ》どもは晴《は》れ着《ぎ》を着《き》てお宮参《みやまい》りをして、親戚《しんせき》の人《ひと》たちもお祝《いわ》いに来《き》てくれました。女《おんな》の子《こ》は髪《かみ》に大《おお》きなかんざしを挿《さ》し、鼻《はな》の筋《すじ》に沿《そ》って白《しろ》いおしろいを塗《ぬ》ってもらって記念《きねん》の写真《しゃしん》も撮《と》りました。

これも「七草《ななくさ》」といっていました。

※1棒《ぼう》たら　本《ほん》たらといわれる真《ま》だらの干物《ひもの》のこと。

※2えご　えご草《そう》といわれる海草《かいそう》を煮《に》とかしてつくった料理《りょうり》。

しんごろうとクジラ汁《じる》

「しんごろう」には、こんなお話《はなし》があります。

昔《むかし》むかし、南会津《みなみあいづ》に、しんごろうという名前《なまえ》の百姓《ひゃくしょう》が住《す》んでいました。秋《あき》の豊作《ほうさく》を感謝《かんしゃ》する祭《まつ》りのとき、村人《むらびと》たちは餅《もち》をつき、神様《かみさま》にお供《そな》えをします。でも、しんごろうの家《いえ》は貧《まず》しくて、もち米《ごめ》がありません。

「ああ、困《こま》った、困《こま》った。神様《かみさま》に餅《もち》をお供《そな》えできねえ」

ため息《いき》をつきながら、しんごろうはいっしょうけんめいに考《かんが》えました。

「家《うち》には米《こめ》くずしかねえが、まんず、これを炊《た》いてみっか」

しんごろうは、米《こめ》のくずを集《あつ》め、固《かた》めに炊《た》いてから、飯粒《めしつぶ》が半分《はんぶん》くらいになるまでつぶしてみました。それを丸《まる》めて串《くし》にさし、じゅうねん味噌《みそ》をぬって、囲炉裏《いろり》で焼《や》いてから、神様《かみさま》にお供《そな》えしました。

それから、しんごろうは、これを村《むら》の人《ひと》たちにもふるまってみました。すると、「これは、うまい、うまい」と評判《ひょうばん》になりました。

それから、村《むら》では新米《しんまい》ができると、どの家《いえ》でも同《おな》じものをつくるようになり、このじゅうねん味噌《みそ》を塗《ぬ》った半殺《はんごろ》しの餅《もち》（ご飯《はん》の粒《つぶ》が半分《はんぶん》くらい残《のこ》るまでつぶした餅《もち》）は、「しんごろう」と呼《よ》ばれるようになりました。

下郷町《しもごうまち》では、昔《むかし》から、荏胡麻《えごま》のことをじゅうねんと呼《よ》んでいます。ゴマではなく、シソ科《か》に属《ぞく》するもので、黒《くろ》と白《しろ》の二種類《にしゅるい》があります。

広《ひろ》い会津地方《あいづちほう》で、「しんごろう」を食《た》べてきたのは、下郷町《しもごうまち》と南会津町《みなみあいづまち》の人たちだけでした。秋《あき》の終《お》わりから冬《ふゆ》にかけて食《た》べられていたもので、寒《さむ》い夜《よる》に家族《かぞく》や近所《きんじょ》の人《ひと》たちと囲炉裏《いろり》を囲《かこ》み、「しんごろう」を焼《や》いて食《た》べながら、みんなで話《はなし》をしたのでしょう。

「雪道《ゆきみち》と、しんごろうは、後《あと》ほどよい」ともいわれています。雪道《ゆきみち》は、先《さき》の人《ひと》に踏《ふ》み固《かた》められて、後《あと》から歩《ある》く方《ほう》が楽《らく》になるからで、「しんごろう」も後《あと》になってからの方《ほう》が、じゅうねんの汁《しる》が濃《こ》くなり、こんがり香《こう》ばしく焼《や》けるので、味《あじ》が一段《いちだん》と良《よ》くなる、というのです。

また、会津地方《あいづちほう》には、「クジラ汁《じる》」という料理《りょうり》があります。こちらは、塩漬《しおづ》けにしたクジラの皮《かわ》の脂身《あぶらみ》を、じゃがいもなどの野菜《やさい》と一緒《いっしょ》に煮《に》た味噌汁《みそしる》です。

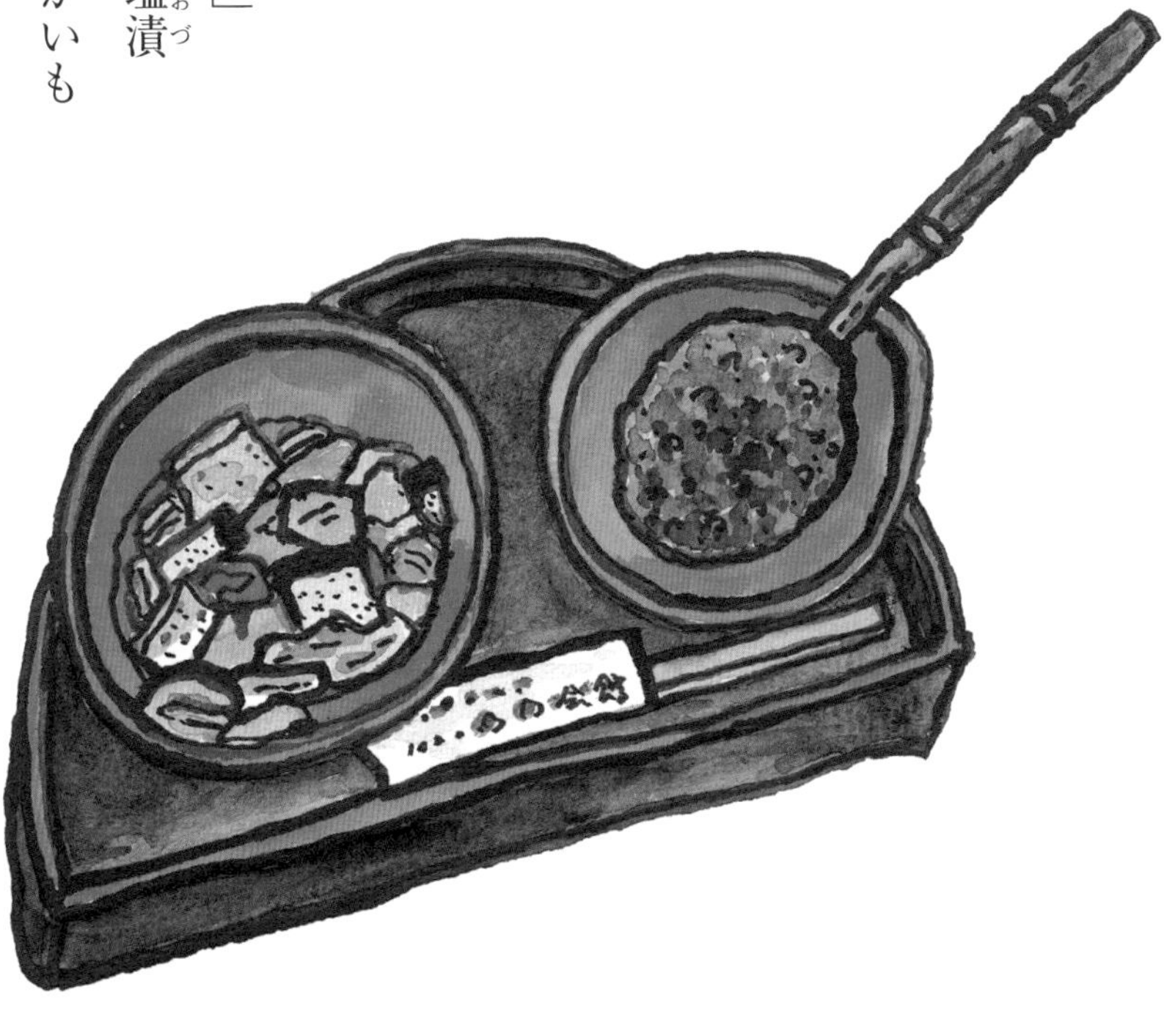

塩《しお》クジラは、新潟《にいがた》から阿賀川《あがかわ》を通《とお》って運《はこ》ばれてきたものです。海《うみ》の物《もの》を手《て》に入《い》れることが難《むずか》しかった頃《ころ》には、保存《ほぞん》がきき、栄養《えいよう》が豊富《ほうふ》で、調理《ちょうり》しやすい塩《しお》クジラは、とても大切《たいせつ》な食《た》べ物《もの》でした。暑《あつ》さの厳《きび》しい夏場《なつば》の農作業《のうさぎょう》にも欠《か》かせない物《もの》でした。下郷町《しもごうまち》と南会津町《みなみあいづまち》の人《ひと》たちだけに食《た》べられてきた「しんごろう」は、「クジラ汁」と一緒《いっしょ》の献立《こんだて》で出《だ》されることが多《おお》く、今《いま》では会津地方《あいづちほう》で人気《にんき》の郷土料理《きょうどりょうり》になっています。

にしんとたら

会《あい》津《づ》の郷土料理《きょうどりょうり》といえば、棒《ぼう》たら、にしんの山椒漬《さんしょうづ》けが有名《ゆうめい》です。海《うみ》から遠《とお》い会津《あいづ》で、どうしてわざわざ海《うみ》の魚《さかな》を使《つか》った料理《りょうり》が昔《むかし》からつくられてきたのでしょう。実《じつ》はそれには、会津《あいづ》の歴史《れきし》が大《おお》きく関《かか》わっています。

今《いま》から二百年以上《にひゃくねんいじょう》も昔《むかし》の江戸時代《えどじだい》のお話《はなし》です。日本《にほん》は、外国船《がいこくせん》や外国人《がいこくじん》が日本《にほん》の国《くに》に入《はい》ることを禁《きん》ずる鎖国《さこく》という制度《せいど》で、外国《がいこく》の侵略《しんりゃく》から国《くに》を守《まも》っていました。ところが、蝦夷《えぞ》（今《いま》の北海道《ほっかいどう》）や樺太《からふと》の漁村《ぎょそん》に、ロシア人《じん》たちがやってきて、村《むら》を荒《あ》らしたり、村人《むらびと》から物《もの》をうばったりする事件《じけん》が何度《なんど》か起《お》きたのです。このままでは蝦夷《えぞ》がロシアに取《と》られてしまうかもしれないと考《かんが》えた幕府《ばくふ》は、警備隊《けいびたい》を派遣《はけん》することにしました。その中心《ちゅうしん》になったのが会津藩士《あいづはんし》でした。会津《あいづ》からおよそ千六百名《せんろっぴゃくめい》の侍《さむらい》が、松前《まつまえ》、宗谷《そうや》、利尻島《りしりとう》、樺太《からふと》に派遣《はけん》されました。

会津《あいづ》の侍《さむらい》たちは、あやしい船影《ふなかげ》がないかと、くる日《ひ》もくる日《ひ》も海《うみ》の向《む》こうに目《め》をこらします。冬《ふゆ》がくると、会津《あいづ》とは比《くら》べものにならない厳《きび》しさに、身体《からだ》をこわすものもいました。なにもかもが凍《こお》りつく寒《さむ》さの上《うえ》、いく日《にち》も北風《きたかぜ》がふき荒《あ》れます。

長《なが》い冬《ふゆ》がやっと終《お》わりに近《ちか》づいたある日《ひ》のことです。カモメたちが海《うみ》の上《うえ》でさわがしく鳴《な》いています。なにごとかと侍《さむらい》たちが集《あつ》まってきました。

「おお、見《み》てみろ、海《うみ》が！」

なんと、海《うみ》の色《いろ》が真《ま》っ白《しろ》ににごっています。にしんの大群《たいぐん》が押《お》し寄《よ》せてきたのでした。会津《あいづ》では見《み》たことのない光景《こうけい》に、みんな驚《おどろ》きました。

春《はる》が近《ちか》づくと、にしんは産卵《さんらん》のために沿岸部《えんがんぶ》に集《あつ》まります。これを群来《くき》といって、蝦夷《えぞ》の人《ひと》たちはたいそう楽《たの》しみにしていました。米《こめ》のとれない極寒地《ごくかんち》にとって、にしんは大切《たいせつ》な食料《しょくりょう》です。

蝦夷《えぞ》の海《うみ》では、にしんだけでなく、たらもたくさんとれました。

「こんなうまい海《うみ》の魚《さかな》を、会津《あいづ》にいる妻《つま》や子《こ》たちにも食《た》べせてやりたいものだ」

侍《さむらい》たちは、そう思《おも》いました。

❖ 身欠《みが》きにしんと棒《ぼう》たら

大漁《たいりょう》した魚《さかな》は、日持《ひも》ちがするように干物《ひもの》に加工《かこう》されました。会津《あいづ》の侍《さむらい》たちは、それを会津《あいづ》へ送《おく》ることにしました。

干物《ひもの》は、※1北前船《きたまえぶね》で蝦夷《えぞ》から越後《えちご》（今《いま》の新潟県《にいがたけん》）に運《はこ》ばれ、越後《えちご》からは阿賀川《あがかわ》を船《ふね》で上《のぼ》り、最後《さいご》は陸路《りくろ》で届《とど》けられました。※2天秤棒《てんびんぼう》をかついだ行商人《ぎょうしょうにん》が、けわしい峠《とうげ》を歩《ある》いて会津《あいづ》まで売《う》りにくるのです。

長《なが》い道《みち》のりですから、年《ねん》に何度《なんど》も手《て》に入《はい》るわけではありません。行商人《ぎょうしょうにん》が来《く》れ

ば、家々《いえいえ》で大量《たいりょう》に買《か》って天井《てんじょう》からつるしておきました。かちかちの干物《ひもの》は一年中《いちねんじゅう》腐《くさ》ることがなく、会津《あいづ》の人々《ひとびと》の大切《たいせつ》な栄養源《えいようげん》になりました。

にしんの束《たば》から一本《いっぽん》、二本《にほん》と抜《ぬ》き取《と》って、腰《こし》にまいたひもに刀《かたな》のように差《さ》し、野山《のやま》に遊《あそ》びにいく子《こ》どももいました。遊《あそ》びながら堅《かた》いにしんを少《すこ》しずつかじるのです。あごは疲《つか》れますが、噛《か》んでいるうちに柔《やわ》らかくなり、ほんのり甘《あま》みもあって上等《じょうとう》のおやつになりました。

にしんの干物《ひもの》を身欠《みが》きにしんといいます。柔《やわ》らかくもどすと、身《み》が欠《か》けてほろほろとほぐれやすいので、そう呼《よ》ばれるようになったようです。春先《はるさき》にとれたにしんが身欠《みが》きにしんになって会津《あいづ》に届《とど》く頃《ころ》、会津《あいづ》では山椒《さんしょう》が芽吹《めぶ》くので、身欠《みが》きにしんを山椒《さんしょう》と酢《す》やしょうゆで漬《つ》けました。山椒漬《さんしょうづ》けをつくるのにちょうどいい、専用《せんよう》の鉢《はち》も登場《とうじょう》しました。

棒《ぼう》のように長《なが》くて固《かた》い棒《ぼう》たらは、何日《なんにち》もかけて水《みず》でもどし、砂糖《さとう》としょうゆで何《なん》時間《じかん》も煮込《にこ》んで、正月《しょうがつ》やお祝《いわ》いのごちそうになります。

冷凍《れいとう》や冷蔵《れいぞう》の保存技術《ほぞんぎじゅつ》がすすみ、新鮮《しんせん》な魚《さかな》が手《て》に入《はい》るようになった今《いま》でも、にしんの山椒《さんしょう》漬《づ》けや棒《ぼう》たらの煮物《にもの》は、会津《あいづ》には欠《か》かせない料理《りょうり》です。

※1北前船《きたまえぶね》　蝦夷《えぞ》と大阪《おおさか》の間《あいだ》を、日本海《にほんかい》を航海《こうかい》しながら、あちこちの港《みなと》に立《た》ち寄《よ》り、ものを売《う》ったり買《か》ったりして商売《しょうばい》をする船《ふね》のこと。
※2天秤棒《てんびんぼう》　両端《りょうはし》に荷物《にもつ》をつるし、肩《かた》にかけて運《はこ》ぶ棒《ぼう》。荷物《にもつ》をたくさん運《はこ》ぶときに使《つか》う。

こづゆ

「こづゆ」は、会津《あいづ》の代表的《だいひょうてき》な郷土料理《きょうどりょうり》です。「こじゅうのつゆ」がなまってこづゆになったという説《せつ》があります。昔《むかし》は「一《いち》の重《じゅう》」「二《に》の重《じゅう》」や「一《いち》の露《つゆ》」「二《に》の露《つゆ》」といって、二《ふた》つのお椀《わん》に分《わ》けて出《だ》されていたのが、あるときからひとつの椀《わん》に盛《も》られるようになり、名前《なまえ》もひとつになったといいます。

こづゆは結婚式《けっこんしき》や祝《いわ》いの席《せき》、正月《しょうがつ》や祭《まつり》など、人《ひと》が

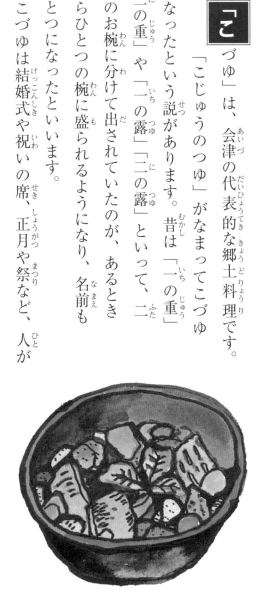

集《あつ》まるときのごちそうには欠《か》かせません。具《ぐ》は七種類《ななしゅるい》や九種類《きゅうしゅるい》など、奇数《きすう》の数《かず》を入《い》れるのが伝統《でんとう》です。奇数《きすう》は縁起《えんぎ》のいい数字《すうじ》だとされているからです。葬式《そうしき》や法事《ほうじ》でも食《た》べられますが、その場合《ばあい》は、おめでたい色《いろ》であるにんじんは入《い》れないという決《き》まりがあります。

こづゆの味《あじ》の決《き》め手《て》は、高級食材《こうきゅうしょくざい》の干《ほ》した貝柱《かいばしら》をたっぷり使《つか》うこと。江戸時《えどじ》代《だい》、殿様《とのさま》に差《さ》し上《あ》げるとてもぜいたくな料理《りょうり》としてつくられました。明治時代《めいじじだい》になってからは、誰《だれ》もが食《た》べられるごちそうになりました。しかも、こづゆは何杯《なんばい》おかわりしてもいい、ふるまいの料理《りょうり》です。だから大《おお》きな鍋《なべ》にたくさんつくります。冷《さ》めるたび、何度《なんど》も温《あたた》めなおすことで、味《あじ》がしみて、ますますおいしくなるのです。

こづゆの材料《ざいりょう》をみてみると、里芋《さといも》やにんじんなどの日持《ひも》ちのする根菜類《こんさいるい》と塩漬《しおづ》けわらび、乾燥《かんそう》きくらげ、豆麩《まめぶ》などの保存食品《ほぞんしょくひん》です。いつもある食材《しょくざい》に水《みず》に浸《ひた》してもどした貝柱《かいばしら》を加《くわ》え、特別《とくべつ》な料理《りょうり》に仕立《した》てた昔《むかし》の人《ひと》の知恵《ちえ》に感心《かんしん》します。おかげで正月《しょうがつ》でも、真冬《まふゆ》の婚礼《こんれい》でも、おめでたいこづゆでお祝《いわ》いをすることができるのです。

❖ 南会津《みなみあいづ》のつゆじ

正月《しょうがつ》やお祝《いわ》いに南会津《みなみあいづ》で食《た》べられるのは「つゆじ」です。会津地方《あいづちほう》のこづゆとは違《ちが》い、つゆじに豆麩《まめぶ》は入《い》れません。貝柱《かいばしら》でだしをとり、里芋《さといも》やにんじんなどを入《い》れるのはこづゆと似《に》ていますが、つゆじの主役《しゅやく》は「つと豆腐《どうふ》」です。かたくしまった豆腐《とうふ》が、たっぷりとだしを吸《す》い、食《た》べごたえがあります。

つと豆腐《どうふ》とは、※わらづとで包《つつ》んだ豆腐《とうふ》という意味《いみ》です。昔《むかし》、豆腐《とうふ》を長《なが》もちさせるため、わらで包《つつ》んで煮《に》たのが始《はじ》まりだそうです。

茨城県《いばらきけん》や群馬県《ぐんまけん》でも食《た》べられているという、つと豆腐《どうふ》。関東《かんとう》に近《ちか》い南会津《みなみあいづ》ならではの食文化《しょくぶんか》といえるかもしれません。

※わらづと　わらでくるんで包《つつ》みにしたもの。

会津《あいづ》なぜなぜ

会津軍《あいづぐん》を勇気《ゆうき》づけた、会津唐人凧《あいづとうじんだこ》

大《おお》きな目玉《めだま》に真《ま》っ赤《か》なベロを出《だ》した絵柄《えがら》で知《し》られる※1会津唐人凧《あいづとうじんだこ》は、四百年《よんひゃくねん》ほど前《まえ》、九州《きゅうしゅう》の長崎《ながさき》から会津《あいづ》に伝《つた》えられたといわれます。

外国船《がいこくせん》が行《ゆ》きかう長崎《ながさき》には、珍《めずら》しいものがたくさんありました。凧《たこ》もそのひとつで、長崎《ながさき》の※2五島《ごとう》や壱岐《いき》には、会津唐人凧《あいづとうじんだこ》とよく似《に》た凧《たこ》が残《のこ》されています。

外国《がいこく》から長崎《ながさき》にやってきた凧《たこ》を誰《だれ》が会津《あいづ》に持《も》ってきたのかは、実《じつ》はよくわかっていません。キリシタン大名《だいみょう》だった蒲生氏郷《がもううじさと》が伝《つた》えたとも、外国《がいこく》との貿易《ぼうえき》のために、会津《あいづ》の漆器《しっき》などを買《か》いに来《き》た長崎《ながさき》の商人《しょうにん》のお土産《みやげ》だったともいわれています。

唐人凧《とうじんだこ》は、特《とく》に武士《ぶし》の子《こ》どもたちの間《あいだ》に広《ひろ》まりました。凧《たこ》を揚《あ》げるだけでなく、凧《たこ》どうしを戦《たたか》わせるけんか凧《だこ》も人気《にんき》でした。細《ほそ》いわら縄《なわ》の尾《お》をつけて、その先《さき》に刃物《はもの》をとりつけ、ぶつけ、相手《あいて》の凧《たこ》の糸《いと》を切《き》り合《あ》うのです。

唐人凧《とうじんだこ》にはこんなお話《はなし》が残《のこ》されています。

江戸時代《えどじだい》の終《お》わり、日本《にほん》は二百六十年《にひゃくろくじゅうねん》もの間《あいだ》、国《くに》を治《おさ》めてきた幕府《ばくふ》と新《あたら》しい時代《じだい》をつくろうとする勢力《せいりょく》が戦《たたか》う会津戦争《あいづせんそう》がありました。幕府《ばくふ》を守《まも》るために最後《さいご》まで戦《たたか》う会津《あいづ》を、※3新政府軍《しんせいふぐん》が取《と》り囲《かこ》みます。鶴ヶ城《つるがじょう》には、どーんどーんと大砲《たいほう》の弾《たま》が打《う》ちこまれ、もう誰《だれ》が見《み》ても会津《あいづ》に勝《か》ち目《め》はありません。

本丸《ほんまる》のすみに、まだ幼《おさな》い少年《しょうねん》たちが集《あつ》まっていました。

「ああ、このまま落城《らくじょう》してしまうのかなぁ」

「そんなはずはないよ。わが会津軍《あいづぐん》が負《ま》けるものか」

「そうはいっても城《しろ》はすっかり取《と》り囲《かこ》まれている」

ど――――ん。大砲《たいほう》の弾《たま》が、また飛《と》んできました。

めりめりっ。城壁《じょうへき》が大《おお》きな音《おと》をたててふるえると、少年《しょうねん》たちは思《おも》わず身《み》を縮《ちぢ》め、耳《みみ》をふさぎました。

「なあ、これから唐人凧《とうじんだこ》を揚《あ》げないか」

そう言《い》ったのは、日新館《にっしんかん》で学《まな》ぶ十一歳《じゅういっさい》の池上四郎少年《※4いけがみしろうしょうねん》でした。

白虎隊《びゃっこたい》に入隊《にゅうたい》し会津《あいづ》のために戦《たたか》いたいと願《ねが》っていましたが、白虎隊《びゃっこたい》に入《はい》れるのは十五歳《じゅうごさい》からと決《き》まっています。池上少年《いけがみしょうねん》は、くやしくてしかたがありません。

「子《こ》どもだからといって、このまま城《しろ》がやられるのを見《み》てるだけでいいのか。ここはひとつ、盛大《せいだい》に凧《たこ》あげをして、味方《みかた》の軍勢《ぐんぜい》を励《はげ》まそう」

「そうだ、おれたちにできることをやってみよう」

会津《あいづ》はもう終《お》わりかもしれない。父《とと》さまも母《かか》さまも自分《じぶん》たちも、どうなるんだろう。そんな不安《ふあん》でいっぱいだった子《こ》どもたちに、少《すこ》し元気《げんき》がもどってきました。

仲間《なかま》が凧《たこ》を支《ささ》え、池上少年《いけがみしょうねん》が唐人凧《とうじんだこ》の糸《いと》を持《も》って、風《かぜ》を待《ま》ちます。

ひゅうと、いい具合《ぐあい》に風《かぜ》が吹《ふ》いてきました。

「いまだ！」

子《こ》どもたちが、いっせいに走《はし》り出《だ》すと、凧《たこ》はふわりと風《かぜ》にのりました。

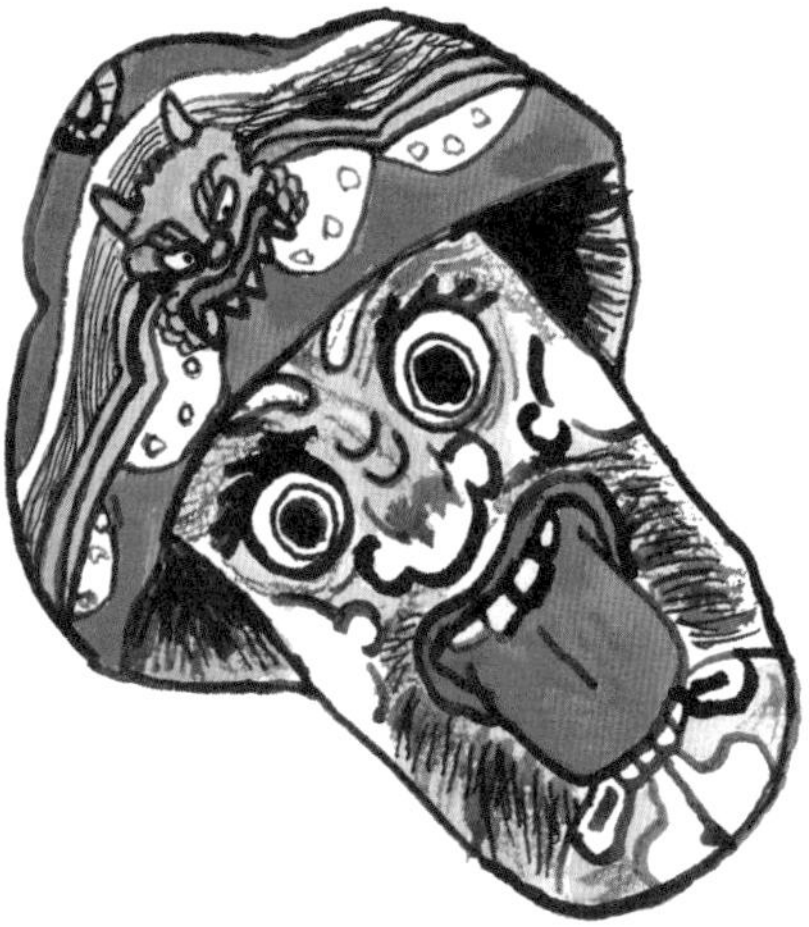

ぶ――――ん。糸《いと》が鳴《な》り、凧《たこ》が勢《いきお》いよく空《そら》に舞《ま》います。池上少年《いけがみしょうねん》が糸《いと》を手早《てばや》く繰《く》り出《だ》すたびに、凧《たこ》はますます空高《そらたか》く昇《のぼ》っていくのでした。

「おおー、あれを見《み》ろ」

「唐人凧《とうじんだこ》が揚《あ》がっているぞ」

城《しろ》の中《なか》からも外《そと》からも、青空《あおぞら》に舞《ま》う凧《たこ》の姿《すがた》はよく見《み》えました。力強《ちからづよ》い唐人凧《とうじんだこ》は、疲《つか》れ果《は》てた会津軍《あいづぐん》をおおいに元気《げんき》づけました。そして一方《いっぽう》、新政府軍《しんせいふぐん》は、会津《あいづ》にはまだ凧《たこ》あげをするほど力《ちから》が残《のこ》っているのかと、驚《おどろ》き恐《おそ》れました。

池上少年《いけがみしょうねん》はその後《ご》、大変《たいへん》な苦労《くろう》をして勉学《べんがく》にはげみ、後《のち》に大阪市長《おおさかしちょう》になります。大阪市《おおさかし》の人々《ひとびと》のために次々《つぎつぎ》と大《おお》きな改革《かいかく》をし、市民《しみん》に大変慕《たいへんした》われました。大阪《おおさか》の天王寺公園《てんのうじこうえん》には、池上四郎《いけがみしろう》をたたえた立派《りっぱ》な銅像《どうぞう》が立《た》っています。

※1 会津唐人凧《あいづとうじんだこ》　唐人《とうじん》は外国人《がいこくじん》のこと。唐人凧《とうじんだこ》のモデルは外国人《がいこくじん》とも外国《がいこく》の神様《かみさま》とも伝《つた》えられる。

※2五島《ごとう》、壱岐《いき》　ともに長崎県《ながさきけん》の離島《りとう》。

※3新政府軍《しんせいふぐん》　国《くに》を治《おさ》める幕府《ばくふ》に対抗《たいこう》し、天皇《てんのう》を統治者《とうちしゃ》に推《お》す勢力《せいりょく》。

※4池上四郎《いけがみしろう》　第六代大阪市長《だいろくだいおおさかしちょう》。秋篠宮親王《あきしののみやしんのう》の妃《きさき》、紀子《きこ》さまは、池上四郎《いけがみしろう》のひ孫《まご》にあたる。

会《あい》津《づ》磐《ばん》梯《だい》山《さん》とおはら庄《しょう》助《すけ》さん

「会《あい》津《づ》磐《ばん》梯《だい》山《さん》は　宝《たから》の山《やま》よ」

　この歌詞《かし》から始《はじ》まる民謡《みんよう》「会《あい》津《づ》磐《ばん》梯《だい》山《さん》」は、会《あい》津《づ》若《わか》松《まつ》市《し》を中心《ちゅうしん》にうたわれている盆踊《ぼんおど》り歌《うた》です。もともとは、会《あい》津《づ》民謡《みんよう》の玄如節《げんじょぶし》から盆踊《ぼんおど》り歌《うた》になったものです。神社《じんじゃ》や寺《てら》の祭礼《さいれい》や縁日《えんにち》に、歌《うた》の上手《じょうず》な人《ひと》たちが集《あつ》まり、掛《か》け合《あ》いでうたったり、歌《うた》で問答《もんどう》したりするものでした。

　さて、昭和《しょうわ》九年《くねん》（1934）にレコード会社《がいしゃ》から発売《はつばい》された、民謡《みんよう》「会《あい》津《づ》磐《ばん》梯《だい》山《さん》」は、全国的《ぜんこくてき》に有名《ゆうめい》になりました。

民謡《みんよう》「会津磐梯山《あいづばんだいさん》」に出《で》てくる、

会津磐梯山《あいづばんだいさん》は　宝《たから》の山《やま》よ　笹《ささ》に黄金《こがね》が　なり下《さ》がる

という歌詞《かし》には、飢饉《ききん》のときに笹《ささ》に黄金《こがね》の実《み》がなって、人々《ひとびと》が助《たす》けられた話《はなし》が元《もと》になっているという説《せつ》や、猪苗代《いなわしろ》の五十軒村《ごじっけんむら》に住《す》んでいた臆病《おくびょう》な武士《ぶし》が、賢《かしこ》い女房《にょうぼう》に励《はげ》まされて、誰《だれ》も近《ちか》づけなかった磐梯山《ばんだいさん》の光《ひか》る笹《ささ》やぶまで行《い》き、土《つち》の中《なか》に埋《う》もれていた大判小判《おおばんこばん》を見《み》つけた話《はなし》からきているなど、いろいろな言《い》い伝《つた》えがあります。

また、

おはら庄助《しょうすけ》さん　なんで身上《しんしょう》つぶした
朝寝朝酒朝湯《あさねあさざけあさゆ》が大好《だいす》きで　それで身上《しんしょう》つぶした

という掛《か》け声《ごえ》は、元々《もともと》はなかったもので、「おはら庄助《しょうすけ》さん」は民謡《みんよう》「会津磐梯山《あいづばんだいさん》」で初《はじ》めて登場《とうじょう》しました。

さて、「おはら庄助《しょうすけ》さん」とは誰《だれ》なのでしょう。モデルには、江戸時代《えどじだい》、材木《ざいもく》で大《おお》もうけをした商人《しょうにん》で、東山温泉《ひがしやまおんせん》で毎晩《まいばん》お酒《さけ》を飲《の》んで楽《たの》しんでいた人《ひと》。

幕末《ばくまつ》の会津《あいづ》戦争《せんそう》で勇敢《ゆうかん》に戦《たたか》って戦死《せんし》した、小原庄助《おはらしょうすけ》という名前《なまえ》の人《ひと》。
お酒《さけ》を入《い》れる徳利《とっくり》に盃《さかずき》を重《かさ》ねた形《かたち》の墓《はか》が白河《しらかわ》に残《のこ》っている、会津塗師《あいづぬりし》の人《ひと》。
などがあげられています。

どの人《ひと》も、大変《たいへん》なお酒《さけ》好《ず》きで、身上《しんしょう》をつぶしてしまった（財産《ざいさん》をなくし、無一文《むいちもん》になってしまった）とうたわれていますが、「おはら庄助《しょうすけ》さん」が誰《だれ》かははっきりわかっていません。

民謡《みんよう》「会津磐梯山《あいづばんだいさん》」は、会津《あいづ》には、美《うつく》しい姿《すがた》の会津磐梯山《あいづばんだいさん》やゆったりとお湯《ゆ》につかれる東山温泉《ひがしやまおんせん》、そしておいしいお酒《さけ》がありますよ、と会津《あいづ》の良《よ》さをうたっているものです。

喜多方市《きたかたし》、会津坂下町《あいづばんげまち》、柳津町《やないづまち》、会津美里町《あいづみさとまち》の高田《たかだ》や本郷《ほんごう》、南会津町《みなみあいづまち》の田島《たじま》など各地方《かくちほう》には、それぞれの盆踊《ぼんおど》り歌《うた》があります。

会津若松市《あいづわかまつし》では各地《かくち》の町内会《ちょうないかい》の夏祭《なつまつ》りや、小学校《しょうがっこう》の運動会《うんどうかい》のとき、大人《おとな》も子《こ》どもも民謡《みんよう》「会津《あいづ》磐梯山《ばんだいさん》」に合《あ》わせて踊《おど》ります。東山《ひがしやま》温泉《おんせん》では提灯《ちょうちん》の灯《あか》りの中《なか》で、温泉街《おんせんがい》を通《とお》りながらの流《なが》し踊《おど》りがおこなわれています。

会津《あいづ》の彼《ひ》岸《がん》獅《じ》子《し》

彼《ひ》岸《がん》獅子《じし》は獅子舞《ししまい》のことですが、会津《あいづ》では春《はる》の彼岸《ひがん》におこなわれているのでそう呼《よ》ばれています。春《はる》の訪《おとず》れを喜《よろこ》び、その年《とし》の豊作《ほうさく》と家内安全《かないあんぜん》を祈《いの》ります。

獅子頭《ししがしら》をつけて舞《ま》うので獅子舞《ししまい》といわれますが、獅子《しし》とは、鹿《しか》やカモシカなど日《に》本《ほん》に昔《むかし》から棲《す》んでいた動物《どうぶつ》たちのことをいいます。

昔《むかし》は山《やま》には神様《かみさま》が住《す》んでいると信《しん》じられ、そこに棲《す》む動物《どうぶつ》たちは神《かみ》の使《つか》いや神様《かみさま》が姿《すがた》を変《か》えていると考《かんが》えられていましたから、その姿《すがた》を真似《まね》て踊《おど》ったのです。

獅子頭《ししがしら》をすっぽりとかぶり、美《うつく》しい衣装《いしょう》に袴《はかま》をはいて、お腹《なか》の上《うえ》の※1筒太鼓《つつだいこ》を短《みじか》いバチで打《う》ちながら踊《おど》ります。

会津《あいづ》の獅子舞《ししまい》の歴史《れきし》はとても古《ふる》く、千年近《せんねんちか》くも続《つづ》けられているといいます。会津若松市《あいづわかまつし》のいくつかの地域《ちいき》や喜多方市《きたかたし》や会津美里町《あいづみさとまち》、磐梯町《ばんだいまち》、南会津町《みなみあいづまち》などでもおこなわれています。

❖ 会津戦争《あいづせんそう》と彼岸獅子《ひがんじし》

幕末《ばくまつ》の会津戦争中《あいづせんそうちゅう》のことで、彼岸獅子《ひがんじし》※2と山川大蔵《やまかわおおくら》という若《わか》い家老《かろう》の知恵《ちえ》と小松村《こまつむら》（今《いま》の会津若松市北会津町《あいづわかまつしきたあいづまち》）の若者《わかもの》たちの勇気《ゆうき》ある話《はなし》が残《のこ》されています。

幕末《ばくまつ》の会津《あいづ》では激《はげ》しい戦争《せんそう》が繰《く》り広《ひろ》げられ、敵軍《てきぐん》はいくつもの峠《とうげ》を越《こ》えて若松《わかまつ》に押《お》し寄《よ》せてきました。しかし、会津兵《あいづへい》は各地《かくち》の守《まも》りについていましたので、城《しろ》を守《まも》る兵《へい》が足《た》りません。そこで、南《みなみ》の方《ほう》を守《まも》っていた若《わか》い家老《かろう》の山川大蔵《やまかわおおくら》に、お城《しろ》に戻《もど》るようにという殿様《とのさま》からの使《つか》いが来《き》ました。

大蔵《おおくら》は急《いそ》いで戻《もど》ってきました。しかし、お城《しろ》はすでに敵《てき》に囲《かこ》まれてしまっていて入《はい》る隙《すき》はありません。なんとしてもお城《しろ》に入《はい》りたい大蔵《おおくら》は、とても奇抜《きばつ》で大胆《だいたん》な方《ほう》法《ほう》を考《かんが》えました。「彼岸獅子《ひがんじし》」を装《よそお》って入城《にゅうじょう》しようというのです。

大蔵《おおくら》はまず小松村《こまつむら》の大竹小太郎《おおたけこたろう》に、「勇気《ゆうき》ある独身《どくしん》の男《おとこ》を集《あつ》めてくれ」と頼《たの》みます。武士《ぶし》でもない村《むら》の若者《わかもの》たちです。もしこの作戦《さくせん》に失敗《しっぱい》すれば、命《いのち》を落《お》としてしまうかもしれない危険《きけん》なものです。それでも、三十歳《さんじゅっさい》の高野茂吉《たかのもきち》をはじめ、十五歳《じゅうごさい》から十八歳《じゅうはっさい》の若者《わかもの》、そして十四歳《じゅうよんさい》、十二歳《じゅうにさい》や十一歳《じゅういっさい》の子《こ》どもたちが命《いのち》をかけて集《あつ》まってきてくれました。

それぞれ笛《ふえ》や太鼓《たいこ》や獅子《しし》の役《やく》について、敵《てき》が取《と》り囲《かこ》む中《なか》を、音楽《おんがく》を奏《かな》で踊《おど》りながら進《すす》んでいきました。

突然現《とつぜんあらわ》れた「彼岸獅子《ひがんじし》」の一行《いっこう》に、敵《てき》は何事《なにごと》が起《お》きたかわけが分《わ》からずにただぼーっと見送《みおく》っていました。

その隙《すき》に、約千人《やくせんにん》の兵《へい》と山川大蔵《やまかわおおくら》は無事《ぶじ》に城《しろ》に入《はい》ることができました。後《あと》で気《き》づいた敵《てき》が悔《くや》しがりながらも感心《かんしん》するほど、なんとも見事《みごと》な作戦《さくせん》でした。

❖ 小松獅子団《こまつししだん》

命《いのち》がけで「彼岸獅子《ひがんじし》」の役目《やくめ》を果《は》たした小松村《こまつむら》の若者《わかもの》たちは、戦争《せんそう》が終《お》わって明治《めいじ》になってから、旧藩主《きゅうはんしゅ》・松平容保公《まつだいらかたもりこう》に御薬園《おやくえん》に招《まね》かれました。

容保公《かたもりこう》からは感謝《かんしゃ》の言葉《ことば》がのべられ、「※3獅子《しし》の頬掛《ほおが》け」と「※4高張《たかは》り提灯《ちょうちん》」に会津松平家《あいづまつだいらけ》の会津《あいづ》葵《あおい》の御紋《ごもん》を使《つか》ってもよいと特別《とくべつ》に許《ゆる》されたのです。

会津《あいづ》にはいくつかの獅子団《ししだん》がありますが、会津葵《あいづあおい》の御紋《ごもん》を用《もち》いているの

は「小松獅子団《こまつししだん》」だけなのです。

そうした歴史《れきし》を持《も》ちながら、「小松獅子団《こまつししだん》」の獅子《しし》たちは、今《いま》も誇《ほこ》り高《たか》く会津《あいづ》の春《はる》に舞《ま》っています。

※1筒太鼓《つつだいこ》　胸《むね》の前《まえ》で打《う》つ、筒状《つつじょう》の小《ちい》さな太鼓《たいこ》。
※2山川大蔵《やまかわおおくら》　後《のち》の山川浩《やまかわひろし》で、陸軍大佐《りくぐんたいさ》や高等師範学校《こうとうしはんがっこう》（現在《げんざい》の筑波大学《つくばだいがく》）の校長《こうちょう》などをつとめた。弟《おとうと》に山川健次郎《やまかわけんじろう》、妹《いもうと》に大山捨松《おおやますてまつ》がいる。
※3獅子《しし》の頬掛《ほおが》け　獅子《しし》の頬《ほお》から首《くび》にかけて掛《か》ける布《ぬの》。
※4高張《たかは》り提灯《ちょうちん》　竿《さお》などの先《さき》にとりつけて、高《たか》く吊《つ》るし上《あ》げた提灯《ちょうちん》。

あとがき

会津には昔から続く会津の暮らしがあり、会津ならではの食べ物や祭り、会津独特の玩具なども生まれて今につながれてきました。

この広い世の中で、せっかく会津に生まれたなら、また会津で暮らしているなら、会津のことをもっと知りたい、たくさん知りたいと思いませんか。知れば知るほど面白く、「昔の人はどんな暮らしをしていたのだろうか」「あぁ、そんな歴史があったのか」「へぇ、この食べ物はずっと昔から食べていたのか」「お祭りには、そんな意味があったか」など、自分の身の回りのことに興味をもって、もっと会津が好きになるはずです。それに、今まで何気なくおこなっていたことや食べ物やお祭りだって、感じ方や味わいもちょっと変わってくるかと思います。

今まで自分の心の内側で、寝転がったように平面だったものが立ち上がって立体的になって動き出すかもしれません。それはきっと、会津と自分がもっと好きになる魔法です。

心を向けてみると、会津には、自分たち一人ひとりの周りには、この本にあることの何倍ものたくさんのことがあることに気づくでしょう。そのたくさんのことを、それぞれが探して見つけて楽しんでください。

それが、一人ひとりの「会津プライド」になることでしょう。

この本を書くにあたり、私たちはいろいろな人に話を聞いたり、本を参考にしました。伊佐須美神社の沼澤宮司さんや谷内権禰宜さん、小松獅子保存会の鈴木会長、県立博物館の大里学芸員、尾岐虫送り保存会の方々、田島の田出宇賀神社の室井宮司さんたちからお話を伺いました。

鶴賀イチ

‡ 著者 ‡

鶴賀イチ　―会津美里町在住。
「少女おけい」で北の児童文学賞奨励賞。県文学賞エッセー・ノンフィクション部門、同小説部門で正賞受賞。
※「赤べこ」「年末年始」「お月見」「御田植祭」「お正月料理」「会津の彼岸獅子」

前田智子　―会津若松市在住。
第20回ニッサン童話と絵本のグランプリ 童話の部 優秀賞受賞。
※「会津天神」「団子さしと歳の神」「虫送り」「会津まつり」「しんごろうとクジラ汁」「会津磐梯山とおはら庄助さん」

菊地悦子　―会津若松市在住。
第75回福島県文学賞小説ドラマ部門準賞受賞。
※「起き上がり小法師と風車と初音」「成木ぜめ」「田島祇園祭」「にしんとたら」「こづゆ」「会津軍を勇気づけた、会津唐人凧」

‡ 挿絵 ‡

馬場　泰　―二紀会委員。二紀会福島県支部長。会津美術協会会長。福島県総合美術展運営委員。ドングリマン絵画造形教室主宰。

参考資料

『日本大歳時記』講談社
『会津高田町史』『会津坂下町史』『舘岩村史』『下郷町史』
『お正月に読む本』
『会津の郷土食』星孝光
『会津の年中行事と食べ物』平出美穂子　歴史春秋社
『知ってる?! 会津美里の歴史』会津美里町教育委員会
『いなわしろの民話』猪苗代町教育委員会
『会津学　5』会津学研究会　奥会津書房
『会津まつりの栞』　会津まつり協会
『会津若松市史　人の一生と暮らし』
『会津ふるさと大百科』小桧山六郎　郷土出版社
『会津田島祇園祭』室井康弘　歴史春秋社
『会津嶺No.５０３』「そぞろ神に誘われて、会津の民俗を巡る23」

会津　よもやま話

令和5年10月17日　初版第1刷発行

著　　者　鶴賀イチ・前田智子・菊地悦子
発 行 者　阿部隆一
発 行 所　歴史春秋出版株式会社
〒965-0842
福島県会津若松市門田町中野大道東8-1
電　話（0242）26-6567
FAX（0242）27-8110
http://www.rekishun.jp
e-mail　rekishun@knpgateway.co.jp
印　　刷　北日本印刷株式会社